A DITAD
1
momentos d

EDITORA AFILIADA

Dados Internacionais de Catalogação na Publicação (CIP)
(Câmara Brasileira do Livro, SP, Brasil)

Vieira, Evaldo
    A ditadura militar : 1964-1985 : (momentos da República brasileira) / Evaldo Vieira. – 1. ed. – São Paulo : Cortez, 2014.

    ISBN 978-85-249-2199-5

    1. Brasil – História – 1964-1984 2. Brasil – História – República 3. Ditadura - Brasil 4. Militarismo - Brasil I. Título.

14-03082   CDD-320.98108

Índices para catálogo sistemático:

1. Brasil : Ditadura militar, 1964-1984 :
   História política   320.98108

Evaldo Vieira

A DITADURA MILITAR
1964-1985
momentos da República brasileira

A DITADURA MILITAR: 1964-1985 – momentos da República brasileira
Evaldo Vieira

Capa: de Sign Arte Visual sobre tela "Arlequim Esquivo" de
   Milton José de Almeida (1943-2011), pertencente a
   coleção de Juliana Accioly Amaro Vieira
Preparação de originais: Ana Paula Luccisano
Revisão: Alexandra Resende
Composição: Linea Editora Ltda.
Coordenação editorial: Danilo A. Q. Morales

Nenhuma parte desta obra pode ser reproduzida ou duplicada sem autorização expressa do autor e do editor.

© 2014 by Evaldo Vieira

Direitos para esta edição
CORTEZ EDITORA
Rua Monte Alegre, 1074 – Perdizes
05014-001 – São Paulo – SP
Tel.: (11) 3864-0111   Fax: (11) 3864-4290
E-mail: cortez@cortezeditora.com.br
www.cortezeditora.com.br

Impresso no Brasil — junho de 2014

Sumário

Ao leitor 9
Introdução: Momentos da República brasileira 11

1. Castelo Branco: contra a lei, defendendo a democracia 21
2. Costa e Silva: viva a Constituição, abaixo a Constituição 49
3. Garrastazu Médici e os milagres da República 65
4. Ernesto Geisel: a abertura política para principiantes 85
5. João Baptista Figueiredo: da força da democracia à democracia da força 107

Palavras finais: Para o povo brasileiro, o que restou da ditadura inacabada 141

Cronologia 145
Sugestões de leitura 147
Sobre o autor 152

O governo é, na melhor das hipóteses, uma conveniência, mas a maioria dos governos é em geral e todos os governos são às vezes inconvenientes.

Mas, para falar de modo prático e como cidadão, diferentemente daqueles que se dizem homens de nenhum governo, eu não peço a imediata ausência de governo, mas de imediato um governo melhor.

Henry David Thoreau

Ao leitor

Parte deste livro foi escrita e editada no princípio dos anos 1980, com o título de *A República Brasileira — 1964-1984*. O livro refletia então as condições da ditadura ainda vigente e as informações restritas na época. Seu conteúdo se voltava para o modo como aqui se exercia o poder republicano, que, por sinal, tivera a forma de ditadura declarada por duas vezes no século XX. A primeira com Getúlio Vargas (de 1930 a 1945) e a segunda com os militares (1964-1985).

Conservando seu conteúdo natural, a presente edição recebeu novo título porque a temática principal se converteu na ditadura de 1964, com exame muito mais pormenorizado e esclarecimentos mais completos, oferecidos por inúmeros documentos posteriores a ela.

O leitor deverá verificar que, tanto quanto o exercício tirânico dos generais e dos seus apoiadores civis, o livro mostra os desastres sociais e humanos, ainda não superados em sua maior porção.

Nesta última redação, se alarga a visão desse período republicano, justificando ainda o atual título, *A ditadura militar: 1964-1985 (Momentos da República brasileira)*.

Introdução

Momentos da República brasileira

Os vários governos do período compreendido entre 1964 e 1985, ainda nos dias de hoje, dão a conhecer o seu legado nas pequenas e grandes coisas do nosso dia a dia. Promessas, planos, discursos, golpe de Estado, demonstrações de eficiência, propaganda, atos antissociais, crimes, cadáveres, tudo tem sido apresentado ao povo brasileiro, sem trazer esperança e liberdade, sequer melhorando sua existência.

O Código Penal, em vigência por meio do Decreto-lei n. 2. 848, de 7/12/1940, decreto-lei este que só uma ditadura pode publicar, como a ditadura Vargas, ainda é aplicado, em pleno século XXI, contendo, por exemplo, o artigo 331 e prescrevendo:

> Art. 331. Desacatar funcionário público no exercício da função ou em razão dela.

Pena — detenção, de 6 (seis) meses a 2 (dois) anos, ou multa.

Qual é a razão deste artigo existir? Só pode ser o autoritarismo, pelo qual o Estado se valoriza acima do indivíduo que o sustenta, protegendo o funcionário público em muitas situações de flagrante negligência, imperícia e imprudência para com a população brasileira, zombando dela ao ser fixado nas paredes das repartições públicas.

O funcionário público não é igual a qualquer funcionário de empresa privada, ou mesmo igual a qualquer brasileiro? Não bastaria o artigo 147, do Código Penal, que descreve o crime de ameaça, sem favorecer funcionário público ou quem quer que seja?

No Brasil constitui raridade o exercício de autoridade nos órgãos federais, estaduais, municipais, e em todas as camadas da sociedade. É visivelmente dominante o autoritarismo em lugar da autoridade. A autoridade pressupõe a obediência nascida da confiança longamente demonstrada entre pessoas ou entre pessoas e instituições. A autoridade deve ser ungida pela legitimidade, isto é, amparada na verdade, no direito, na razão e na justiça.

Já o autoritarismo determina a obediência e a subordinação fundamentada no simples uso da pressão psicológica ou da força bruta e, em certas ocasiões, no sofrimento até a morte. Inexiste estabilidade no autoritarismo, o poder rola sem direção certa e vai massacrando os desobedientes. Sujeitando-se unicamente a seus interesses momentâneos, o poder autoritário caracteriza-se por ser infixo, variando de acordo com as bases sociais que lhe são mais próximas na ocasião. O autoritarismo não se confunde com totalitarismo que, sendo também ditadura como ele, exige ao menos conceitualmente um partido único, uma seita única ou uma associação única, pregando um dogmatismo ideológico, ou concepção de mundo, únicos e imutáveis. Como se tem constatado no Brasil, nem partido único nem ideologia única possui aqui o autoritarismo.

Dessa maneira funciona a ditadura autoritária ou totalitária. Como organização política, a ditadura é desempenhada por uma pessoa (caso da ditadura de Getúlio Vargas, de 1930 a 1945, em geral conhecida como ditadura cesarista) ou pequeno grupo de pessoas (caso da ditadura militar de 1964 a 1985), que controla todas as instituições sociais, de forma discricionária e completa, sem partido e sem ideologia definida.

Ambas as ditaduras brasileiras mais duradouras na República do século XX foram instaladas de surpresa e silenciosamente. A ditadura do Estado Novo getulista (1937-1945) foi decretada por Getúlio Vargas que, após anunciá-la pelo rádio, compareceu a um jantar na embaixada da Argentina, gerando em seguida milhares de prisões com tortura. Na ditadura de 1964 igualmente os habitantes do país nada souberam além do estardalhaço dos meios de comunicação. Narro a seguir como vivi o dia 31 de março de 1964, dia do golpe de Estado:

> Caminhei até o ponto de ônibus, poucas pessoas na rua. Existia um clima de golpe militar tanto nas televisões, nas rádios e nos principais jornais (capitaneados pelo *O Estado de S. Paulo* e o *O Globo*), assim como nas famílias católicas ou tradicionais. Nas televisões, políticos como Carlos Lacerda e Magalhães Pinto, e alguns jornalistas, clamavam pela intervenção militar com a finalidade de evitar "um Brasil comunista". Como disse, não vi revoltados nem comunista, nem sindicalista, nem ateu, nem trabalhador, só de vez em quando um camburão da polícia, um punhado de soldados da Força Pública (antiga Polícia Militar) e a Polícia do Exército cercando a sede do II Exército, na rua Conselheiro Crispiniano, em São Paulo.
> Ao chegar à Faculdade de Direito, encontrei-a fechada, com aviso de suspensão das aulas. Conversei com colegas defronte da Faculdade, uns pasmos, outros satisfeitos, outros preocupados com os acontecimentos. De fato, o que ocorria para quem tinha esperança de construir sua vida dentro dos padrões até então imaginados, era sinistro, desastroso e ameaçador. Tudo, em nome do "combate aos comunistas", bastante pulverizados em 1964, na realidade ocultando uma verdade que era fazer uma "ocupação branca" do país, em nome dos norte-americanos, no contexto da guerra fria entre Estados Unidos e União Soviética. Abusando da ignorância e da crença da população brasileira, e orientados pelo Departamento de Estado e pela Agência de Informação (CIA), ambos dos Estados Unidos da América, os ditos "defensores da democracia" (senadores, deputados, governadores e

civis arrivistas) invadiram o gabinete da presidência da República em Brasília, no momento em que o presidente João Goulart ainda se encontrava em território nacional. Buscou-se um jurista da ditadura Vargas, Francisco Campos, de formação fascista, auxiliado por mais outro, Carlos Medeiros, a fim de instruir a sessão do Congresso Nacional para declarar vacância da presidência da República e redigir o denominado Ato Institucional n. 1, dentro das regras ditadas pelo general Castelo Branco e por Milton Campos. Desde o Estado Novo e a "Constituição Outorgada" de 1937, Francisco Campos se aprimorara em elaborar instrumentos de exceção, suprimindo direitos civis e políticos, que ele considerava desnecessários.

Logo depois, viajei para Taubaté, onde, em meio a alegrias, tristezas e temores, falava-se "oh, os militares tomaram o poder para acabar com a bagunça", com a qual não me deparei naquele momento, apenas depois, tanto no aparelho estatal com a indisciplina militar, como nas ruas reprimidas à vontade, em defesa da lei e da democracia. Imaginei que o desemprego poderia talvez diminuir, tamanha a quantidade de agentes e informantes contratados para vigiar seus compatriotas. Começava assim a ser construída "a democracia" de 31 de março de 1964. Naquele mesmo dia em Taubaté, fui até o prédio da antiga Escola Normal, na qual discursava o deputado federal do Partido Democrata Cristão, Plínio de Arruda Sampaio. Suas palavras exalavam esperança, acreditava ele que o assim chamado "dispositivo militar" do presidente Goulart, mais a indignação popular pelo desrespeito à Constituição Federal de 1946, resistiriam a desordem civil e militar. Qual o quê!

Resolvi que, após aquele dia, eu abandonaria, como fiz, meu projeto pessoal de atuar na diplomacia, bem como em qualquer profissão capaz de representar qualquer poder direto do Estado. Acho que me dei bem, não colaborei e não colaboro com nenhuma manifestação de cunho discricionário, nada de tirania. Minha convicção não foi em vão, nem meu 31 de março deixou de ensinar-me o preço de ditadura.

O assunto e a exposição

Este livro não tem pretensão de explicar e de responder ao conjunto desses problemas, mas unicamente *passar por exame os principais pontos de cada um dos governos do Brasil, no espaço de tempo entre 1964 e 1985. Este estudo abrange os governos de Castelo Branco, de Costa e Silva, de Garrastazu Médici, de Ernesto Geisel e de João Figueiredo.*

No decorrer da exposição aparecerão aspectos de certas crises nacionais e de determinadas desgraças que têm atormentado grande parte dos brasileiros. Serão apresentados também acontecimentos e ideias, dentro de uma sequência histórica, com o propósito de tratar especialmente do que todos intitulam *Ditadura militar: de 1964 a 1985*. Muitas das pessoas mencionadas reproduzem com alguma fidelidade o modo de pensar e de agir de seus grupos sociais.

Na construção dos capítulos, ressalta-se, sobretudo, a análise de momentos, mostrando sempre que possíveis situações históricas bem definidas, onde se relacionam diferentes grupos sociais. Tais situações, no entanto, constituem períodos de tempo um pouco breves, apesar de revelarem elementos mais profundos da estrutura, presentes no processo da história do Brasil. No capitalismo brasileiro, o desenvolvimento econômico significa transformação da quantidade e da qualidade das relações presentes na economia, decorrente da acumulação particular do capital. As condições favoráveis ao desenvolvimento econômico são fornecidas não somente pela denominada iniciativa privada, mas também pela atuação dos governos.

O exame dos períodos governamentais está bastante fundamentado nos poderes da República (principalmente no Executivo e no Legislativo), sem excluir os movimentos sociais, os sindicatos e demais manifestações populares. A linguagem usada pelo poder político dá o retrato das massas populares, conforme os interesses dos governantes. Tal linguagem, pois, não dá o retrato do povo, segundo o próprio povo, mas visto pelos governantes. O Estado exprime ainda as lutas sociais, alterando-se em virtude dos conflitos sociopolíticos. Cumpre dizer, a título de esclarecimento, que os dados e as informações aqui colocadas se originam de fontes oficiais, extraoficiais ou, ao menos, confiáveis, conforme a documentação levantada. É bom esclarecer igualmente que não há o desejo de fazer a reconstrução histórica de forma acabada, nem mesmo de combinar todos os elementos às vezes fundamentais para atingir essa pretensão.

O Estado no Brasil

O Estado brasileiro tem-se organizado por meio de Constituições que estabeleceram três poderes (Legislativo, Executivo e Judiciário) durante a existência da República proclamada em 1889. A prática revelou a supremacia do Poder Executivo sobre os poderes Legislativo e Judiciário, especialmente da ditadura de 1930 em diante. No Brasil, depois desse ano, muito se escreveu para valorizar o Poder Executivo, existindo quem tenha estudado "o Poder Executivo e as ditaduras constitucionais". Dizia-se que este poder constituía um dos fatores mais importantes da República, funcionando como um elemento principal dentro do Estado.

No caso brasileiro, a própria evolução histórica conduziu ao predomínio do Poder Executivo, em particular depois de 1930. De um lado, as Constituições republicanas de 1891, de 1934, de 1937, de 1946, de 1967, de 1969 e de 1988 criaram invariavelmente os três poderes do Estado. De outro lado, encontrou-se a supremacia do Poder Executivo. Este poder usou de meios, legítimos ou não, para controlar os centros de decisão e para obrigar o cumprimento de suas deliberações.

Pela enorme capacidade de ação do Executivo, mesmo quando o Poder Legislativo está em funcionamento, ao falar-se do governo, normalmente se quer dizer funções executivas. Por exemplo: um poder originado do Legislativo apenas poderá tornar-se realidade, se do gosto, dos interesses, da conveniência ou da intenção do Poder Executivo. Não é por acaso que aqui se denomina em geral o Executivo de chefe de Estado, chefe da nação ou, em síntese, Chefe.

Monarquia ou República!

Já existiu quem desse, ao presidente da República, o nome de "Sua Majestade o presidente do Brasil", e parece que não gostaram de ver essa comprovação. Aqui, o republicanismo presidencialista é forma de governo, onde cada pessoa é livre para fazer o que o governo gosta. Tem-se a impressão de que os próprios republicanos convictos estiveram tão ocupados em discursar sobre a liberdade, que não tiveram tempo para aplicá-la. O republicanismo presidencialista aparenta chegar à paz pelo terror, e geralmente a "República Gloriosa" acaba nas mãos dos "homens fortes".

Em outras ocasiões, defendem-se regimes "fortes", que são muitas vezes um governo prático, destinado a conservar a ordem, entendendo-se por desordem qualquer manifestação de opinião contra o governo. Sem se basear na vontade do povo, resta a sucessão de presidentes da República, de maneira bem semelhante à sucessão no trono da monarquia ou, se se quiser, do Império. É possível que as páginas seguintes venham a sugerir isto.

Castelo Branco: contra a lei, defendendo a democracia

A democracia e as nações amigas

A democracia no Brasil tem sido motivo para justificar a quebra da legalidade constitucional, em evidente desacato à soberania popular. Quando Jânio Quadros se demitiu da presidência da República, renunciando a ela em 25 de agosto de 1961, o vice-presidente da República, João Goulart, estava em viagem no exterior (China Comunista), cumprindo determinação governamental. Enquanto Goulart não retornou ao país, o governo federal foi exercido interinamente por Ranieri Mazzilli, até então presidente da Câmara dos Deputados.

Mazzilli logo se apressou em opinar sobre a posse de Goulart, assegurando que os chefes das Forças Armadas, com base na segurança nacional, não queriam o regresso ao Brasil do vice-presidente João Goulart. Ele chegou, portanto, à presidência da República através da pressão exercida por certos deputados e senadores, pelo apoio sindical de São Paulo, pela manifestação da Igreja Católica em Porto Alegre e em São Paulo e pela mobilização dirigida pelo governador do Rio Grande do Sul, Leonel Brizola. Outros pronunciamentos vieram em seu favor, como o de Juscelino Kubitschek e o de Carvalho Pinto, na época governador do Estado de São Paulo. Goulart, afirmando sua confiança nas Forças Armadas brasileiras, acabou encontrando sustentação militar no III Exército.

Em sua vida política, João Goulart foi ministro do Trabalho do segundo governo getulista e vice-presidente de Juscelino Kubitschek, pondo-se sempre como um discípulo de Getúlio Vargas, proclamando plena obediência à sua carta-testamento. Como Vargas, Goulart se apresentava como um líder democrático, identificado com os trabalhadores, para quem defendia melhores salários.

Em 1961, o Congresso Nacional tornara-se centro de decisões, capaz de fabricar recurso constitucional para a crise da renúncia de Jânio Quadros. De um lado, Jango admitia ser um soldado do Congresso, acatando suas deliberações. De outro lado, os ministros da Marinha, da

Guerra e da Aeronáutica aceitavam publicamente a vontade do Congresso Nacional, desde que ele promulgasse uma emenda constitucional instituindo o sistema parlamentar de governo no Brasil. Com tal emenda parlamentarista, as Forças Armadas garantiam o desembarque de João Goulart em Brasília, capital da República.

No governo Kubitschek, o serviço de inteligência ganhou tamanho e qualidade. Em 1927 se organizou o Conselho de Defesa Nacional visando à repressão política interna, mas só com o governo JK se concretizou o Serviço Federal de Informação e Contrainformação (SFICI), idealizado pelo presidente general Eurico Gaspar Dutra, em 1946. O SFICI deu origem posteriormente ao SNI (Serviço Nacional de Informação).

Na administração de Juscelino Kubitschek, funcionários brasileiros foram conhecer e treinar nos órgãos de informações dos Estados Unidos da América. Muitos desses funcionários brasileiros ocuparam altos cargos na ditadura de 1964, como o coronel Ednardo D'Ávila Mello, coronel Golbery do Couto e Silva e o tenente-coronel João Baptista Figueiredo.

Jango Goulart aceitou constrangidamente o sistema parlamentar de governo, propondo-se a agir de acordo com o primeiro-ministro, criando um ministério baseado em alianças partidárias. Ao mesmo tempo, esclarecia que uma de suas primeiras medidas seria propor plebiscito referente ao parlamentarismo, visando saber o que o povo achava dele.

A posse de João Goulart

João Goulart tomou posse como presidente da República no dia 7 de setembro de 1961, na presença do Congresso Nacional, em Brasília, indicando Tancredo Neves como primeiro-ministro. O sistema parlamentarista de governo perdurou até 6 de janeiro de 1963, quando o plebiscito trouxe de volta o presidencialismo. Goulart ocupou a presidência da República desde esta data, amparado por suas prerrogativas constitucionais, sendo afastado do poder em virtude do golpe de Estado de 31 de março de 1964.

Desde sua posse, em 1961, a pregação janguista foi sempre a mesma independentemente das condições políticas e sociais. Mencionou sempre a ação de Getúlio Vargas, a força dos trabalhadores, o grande valor da legalidade, das liberdades públicas, da democracia, da Constituição de 1946 e, acima de tudo, a urgência das reformas de base.

Em sua trajetória política anterior, já firmara alguns pontos de seu ideário. Por exemplo, aludindo a aspectos econômicos, salientava a importância do desenvolvimentismo, da emancipação econômica, da planificação, do aumento de exportações e também da agricultura. No caso da política internacional patrocinava o estabelecimento definitivo da autodeterminação dos povos, condenando a produção e a manutenção de armamentos, cujos gastos deveriam dirigir-se à saúde, à educação e ao bem-estar.

Fonte: Agência Estado

João Goulart

A política janguista nutria enorme respeito pela conduta fundamentada na lei, apesar de muito ter sido dito em contrário. Goulart, é verdade, defendeu a alteração da Constituição, a ser realizada através de poderes constituintes concedidos ao novo Congresso Nacional a ser eleito em 1962. Para o presidente da República, este Congresso levaria adiante as reformas de base, diminuindo as exigências da Constituição de 1946. Embora legalista, o presidente da República ia aos poucos ampliando o que entendia como reformas da estrutura do país.

A oposição conservadora, civil e militar, insistiu permanentemente em fazer de João Goulart uma presença perigosa ao Brasil. Basta lembrar as palavras do governador da Guanabara, Carlos Lacerda, ao jornal *Los Angeles Times*, onde se manifestara sobre assuntos internos do Brasil, durante viagem aos Estados Unidos. Recorde-se também do Manifesto da UDN, contendo críticas à administração janguista. No ano de 1963, a oposição a Jango ficou mais viva, apesar de não ser pequena antes.

Os líderes da UDN passaram a ser mais aguerridos, como se constata na conduta política de Pedro Aleixo, Adauto Cardoso, Roberto de Abreu Sodré, Eugênio Gudin, Aliomar Baleeiro, Cunha Bueno e Carlos Lacerda. Por outro lado, a ação do Instituto Brasileiro de Ação Democrática (IBAD) irrompeu nas eleições de 1962 auxiliando os opositores das diretrizes janguistas.

Este instituto organizou listas de candidatos a deputados e a governadores, para receberem dinheiro suficiente para manter suas campanhas. Alimentava-se, pois, a agressão ao presidente da República, constitucionalmente eleito no Brasil. Por isso, o governo federal fechou o Instituto Brasileiro de Ação Democrática (IBAD), em 1963.

1964: Marcha da Família com Deus pela Liberdade
(São Paulo)

Atente-se para a participação do Instituto de Pesquisas e Estudos Sociais (IPES), também engendrado pela oposição radical a Goulart. Tal instituto pretendia examinar as reformas sugeridas por João Goulart, assim como analisar a esquerda brasileira, partindo de um ponto de vista técnico, empresarial e liberal. Com esta fachada de organização de caráter educativo, o Instituto de Pesquisas Sociais (IPES) coordenava, na realidade, ampla campanha política, ideológica e militar de reação ao governo legal do país. Várias instituições, criadas apressada e astuciosamente, buscaram a derrubada do poder constituído, às quais se juntaram as chamadas "Marchas da Família com Deus pela Liberdade". Documentos publicados posteriormente comprovam a valiosa contribuição estrangeira (Estados Unidos da América) na destruição do governo federal.

Alguns desses documentos tratam da presença de força-tarefa de porta-aviões nas proximidades de Santos (SP) e de repetidos pedidos de informação sobre a resistência militar ou política ao regime constitucional de Goulart, pedidos originados de Washington, nos dias do golpe de Estado de 1964.

Até mesmo governadores eleitos de acordo com a Constituição de 1946 conspiraram contra ele. Os então governadores da Guanabara (Rio de Janeiro), de Minas Gerais e de São Paulo (Carlos Lacerda, Magalhães Pinto e Ademar de Barros) uniram os seus esforços na resistência política ao presidente Goulart. A resistência militar pode ser constatada, de forma clara, pelo papel desempenhado por Castelo Branco, general e chefe do Estado-Maior do Exército, desde o final de 1963. Ele induziu um dos líderes da oposição ao governo federal, Aliomar Baleeiro, a usar métodos legislativos com a finalidade de isolar Jango no Congresso.

João Goulart debatia-se em meio a dificuldades. Jango procurava dominar as incoerências políticas, econômicas e sociais por meio da conciliação entre ideologia nacionalista e capitalismo internacional. É certo que ele se empenhou mais profundamente no controle do custo de vida. De fato, colocou a emancipação econômica como condição de derrota do subdesenvolvimento. No governo de Goulart, com a elaboração do Plano Trienal, que viria a orientar a produção, buscou-se por vezes estabilidade para a economia. Os maus resultados neste setor reforçaram ainda mais sua confiança na realização das reformas de base.

Os acontecimentos de 1964, que expulsaram do poder o governo constitucional de Jango, liquidara ainda o projeto de reformas de base, exterminando com a política de massas, existente até então no Brasil. Nem mesmo as reformas propostas por João Goulart, parciais e estreitas quanto às conquistas para os trabalhadores, chegaram a ter condições de tornar-se realidade. O governo janguista tomou, no campo social, uma série de decisões dominantemente setoriais, visando, sobretudo, a urgência e a atenuação de cada caso. A ação pública na educação, na saúde, na habitação popular, na previdência e na assistência social, consumou-se através de medidas desordenadas, durante o governo de Goulart.

O golpe de 1964

O golpe de Estado de 31 de março de 1964 decorreu de grave situação político-militar, empurrando o presidente João Goulart para o exílio político no Uruguai. Nos primeiros momentos do golpe, seus líderes militares procuravam explicar-se. O general Mourão Filho queria impor o domínio e o cumprimento da Constituição. Mas na prática desrespeitava-a, atacando o governo constitucional. O general Carlos Luís Guedes desejava as reformas, por via do Congresso. Acontece, porém, que o Congresso Nacional passou a sofrer cassação de mandatos e suspensão de direitos políticos dos parlamentares.

Depois de 10 de abril de 1964, o comando revolucionário cassou deputados, senadores, governadores, prefeitos, militares, desembargadores, embaixadores e outros ocupantes de funções públicas. Outra vez, o presidente da Câmara dos Deputados, Ranieri Mazzilli, voltou à presidência da República, que havia sido declarada vaga. Foi Mazzilli quem entregou o cargo ao general Castelo Branco, eleito pelo Congresso Nacional em 11 de abril de 1964, ficando como vice-presidente José Maria Alkmim, líder do PSD. Submetido pelo peso da cassação de mandatos e da suspensão de direitos políticos, o Congresso se manteve principalmente com os representantes civis que inventaram, ajudaram ou comemoraram de qualquer forma o golpe de Estado. O Congresso Nacional deu nova direção à sociedade brasileira, com o auxílio de várias organizações civis, nascidas e alimentadas pela classe dominante. Embora esta nova direção tenha utilizado militares e tecnocratas, suas origens derivam de profundos interesses nacionais e internacionais do capitalismo. Intérpretes do golpe de Estado de 1964 falam de "esvaziamento do poder civil" e de "fim do ciclo civil". Segundo tais intérpretes, o "esvaziamento do poder civil" ocorrera em virtude da distância geográfica entre

Brasília e outras capitais, e também em razão do sentimentalismo do presidente da República. O isolamento de Brasília e os sentimentos presidenciais pouco esclarecem os fatos relativos ao golpe de Estado. Ante os cristalinos documentos e depoimentos, produzidos ao longo do tempo, já não se justifica a análise de cunho individualista.

Das inúmeras obras publicadas sobre a ditadura de 1964, algumas esclarecem satisfatoriamente o assunto que interessa agora. Exemplificando: o livro de Marta K. Huggins, *Polícia e Política*, mostra como o presidente Harry Truman, dos Estados Unidos da América, realizou em 1947 a subordinação da ajuda norte-americana à segurança nacional da Ásia, Oriente Médio e América Latina, contribuindo ainda para os países sul-americanos elaborarem leis de segurança nacional.

Dentre os alunos da International Police Academy (IPA), havia mais de 50% de latino-americanos e um deles, o coronel do Exército Moacir Coelho, foi um dos criadores no Brasil do Serviço Nacional de Informações (SNI), tendo chefiado também a Polícia Federal. Além disto, estagiaram no Office of Public Safety o general Riograndino Kruel e o tenente-coronel Amerino Raposo Filho, enquanto o general Luís de França Oliveira manteve contato com tal órgão. O Office of Public Safety (OPS-Brasil) julgou um "passo na direção da eliminação mais eficiente do terrorismo" a introdução das penas de banimento, de prisão perpétua e de morte no Brasil.

Com relação ao país, um agente dos Estados Unidos ingressou, junto com políticos brasileiros, no gabinete do presidente constitucional, João Goulart, sem autorização, estando este ainda dentro do território do Brasil. Carlos Fico, em seu livro *O grande irmão*, indica os informes transmitidos ao seu governo por Robert Bentley, terceiro secretário da embaixada norte-americana em Brasília, com base em fontes primárias do Departamento de Estado americano.

Montado o golpe de Estado a partir da séria crise político-militar, não seriam apenas as características pessoais de João Goulart, ou de quem quer que seja, capazes de mudar o processo histórico. É também inaceitável, por exemplo, o "fim do ciclo civil", pois o Congresso Nacional, composto de civis com interesses bem definidos, também golpeou o governo janguista. Afinal, este Congresso, formado de civis, não fechou qualquer "ciclo civil", mas perdurou com os que se dedicaram à derrubada do regime constitucional.

Aquilo que se denominou Supremo Comando Revolucionário — composto dos três ministros militares, general Arthur da Costa e Silva, brigadeiro Francisco de Assis Correia de Mello e vice-almirante Augusto Hamann Rademaker Grünewald — deu à luz o Ato Institucional n. 1. Por esse Ato, o Supremo Comando Revolucionário passava a ter os atributos de Poder Constituinte. Se o Ato Institucional n. 1 conservava a Constituição de 1946 e as Constituições estaduais, com suas emendas, de outra parte instituía pela primeira vez a eleição indireta.

O novo presidente da República e ainda seu vice--presidente seriam escolhidos pela maioria absoluta dos membros do Congresso Nacional. Por este mesmo Ato Institucional, podia retirar-se, de qualquer pessoa, os direitos políticos por dez anos, até mesmo cassando mandatos legislativos federais, estaduais e municipais, sem nenhuma possibilidade de apreciação judicial destas medidas. Mas o Ato Institucional n. 1 dizia evitar a radicalização do "processo revolucionário". Armava, pois, um contrassenso. Revestido da força de Poder Constituinte, tal Ato Institucional propagava a necessidade de moderação, embora alargasse os poderes do presidente da República.

Com esses poderes, a presidência reservava para si todos os instrumentos imprescindíveis para comandar a ordem econômica e financeira e para combater o dito "bolsão comunista". O general Castelo Branco surgia como o candidato ideal, por sua enérgica oposição ao governo de João Goulart, desde setembro de 1963, quando assumiu a chefia do Estado-Maior do Exército. Se fora um conspirador mais ou menos declarado contra o regime constitucional, nem por isso sua escolha para a presidência da República foi tranquila.

O general Costa e Silva oferecia resistência a indicar-se qualquer nome. Não desejava, naquele momento, nenhuma eleição. Por fim, o Supremo Comando

Revolucionário indicou o general Castelo Branco para participar da eleição presidencial, o que levou o general Costa e Silva a divulgar sua preferência por ele.

A posse de Castelo Branco

O general Castelo Branco apresentou-se então como candidato único. Seu nome vinha aclamado pela cúpula militar, pelos encontros com os governadores, por grupos entusiasmados da classe média e, sobretudo, da burguesia. Em 11 de abril de 1964, o agora marechal Humberto de Alencar Castelo Branco elegeu-se para o cargo de presidente da República, ficando José Maria Alkmim como vice-presidente. Como candidato único, o marechal ganhou a eleição, alcançando 361 votos de parlamentares, representativos de mais de dois terços dos membros do Congresso Nacional.

Era um Congresso Nacional capenga, atingido por cassações de mandatos e por suspensões de direitos políticos de seus componentes. Era um Congresso Nacional responsável pela aprovação de lei, em menos de doze horas, fixando normas para a eleição indireta do presidente e do vice-presidente da República. Tal Congresso Nacional inaugurava esta estranha forma de eleição indireta, com o Colégio Eleitoral antecipadamente escolhido, onde talvez pela magia a oposição tenha condições de sair vitoriosa.

Fonte: Agência Estado

Castelo Branco

O período presidencial de Castelo Branco, que principiou em 15 de abril de 1964, deveria encerrar-se no dia 31 de janeiro de 1966. Isto, no entanto, não aconteceu. Castelo Branco transferiu o poder presidencial a Costa e Silva em 15 de março de 1967, data bem posterior.

Começando a governar em 1964, o presidente Castelo Branco pregava o respeito à Constituição de 1946, a defesa da democracia, a realização do bem-estar geral, a execução de reformas e a crença na autodeterminação dos povos. O pensamento presidencial do marechal repousava igualmente na sua confiança no desenvolvimento.

Castelo Branco assegurava que iria cumprir a Constituição de 1946, desde os primeiros momentos de sua posse. Mas em 1967, ao concluir sua gestão, anunciava as vantagens da mudança desta Constituição. Na realidade, a nova Constituição de 1967 nasceu do Ato Institucional n. 4, que invocava a necessidade de institucionalizar os princípios trazidos pelo Movimento de 1964. O Congresso Nacional, já bastante mutilado, desempenhou a tarefa de discutir, votar e promulgar o projeto de Constituição, oferecido pelo presidente da República.

Agindo autoritariamente, o chefe de governo cultuava a democracia. O regime democrático acabaria por corrigir os males brasileiros. O processo de redemocratização, iniciado em 31 de março de 1964, já proporcionava liberdade de imprensa, liberdade sindical, funcionamento normal do Poder Judiciário e do Poder Legislativo. A acreditar-se nestas palavras do presidente Castelo Branco, o futuro dos brasileiros consistia em esperanças de dias melhores.

O presidente da República recomendava aquilo que chamava de "estrada da democracia" para conseguir "a contínua e legítima ascensão dos trabalhadores", quando receberiam justos e elevados salários. Prometendo a conservação e o aprimoramento da legislação social, Castelo Branco propunha-se a fazer reformas, em nome da democracia no Brasil. Por exemplo: a reforma agrária se tornaria possível através do Estatuto da Terra, que seria responsável pelo progresso rural do país, sem a presença do temor e do ódio.

Quanto à política externa, o presidente da República baseava-se nos "objetivos nacionais", buscando dar força ao "poder nacional" e aos meios necessários para "alcançar o pleno desenvolvimento econômico e social". Era prioridade manter a paz mundial, respeitando o princípio da autodeterminação dos povos. Enquanto o presidente Castelo Branco aceitava a harmonia internacional, de outro lado defendia o alinhamento com as denominadas "nações democráticas e livres". Aliado a elas, o Brasil assumia compromisso com a democracia representativa, devendo resguardar e estimular "as históricas alianças que nos ligam às nações livres das Américas".

Em relação à democracia, Castelo Branco se limitou apenas a palavras. Entre 1965 e 1966, ele baixou três atos institucionais, 36 atos complementares, 312 decretos-leis, 19.259 decretos, além de onze propostas de emendas constitucionais enviadas ao Congresso Nacional, sem contar o projeto de reforma global da Constituição. Com Castelo Branco, ocorreram 3.747 atos punitivos, com uma média de mais de três por dia.

Segurança Nacional e economia

A Escola Superior de Guerra foi estabelecida no Brasil em agosto de 1949, durante o governo do general Eurico Gaspar Dutra. Criada por decreto presidencial, a instituição tem-se destinado à formação de "elites civis e militares", com a finalidade de examinar problemas de segurança nacional. A Escola Superior de Guerra constitui aparelho ideológico no interior das Forças Armadas. O conceito de Segurança Nacional mudou durante a década de 1950, conforme se verifica nos regulamentos de 1949 e de 1954 da referida escola. No início, uma guerra total entre o Ocidente e o Oriente conduziria a uma aliança entre os países ocidentais, liderados pelos Estados Unidos, visando combater o comunismo. Principalmente com a Guerra da Coreia, nos anos 1950, acrescentou-se outra hipótese de guerra: a do "inimigo interno", na qual o comunismo aparece como manipulador e incentivador dos conflitos sociais presentes na sociedade brasileira.

Em 1963, a Escola Superior de Guerra deveria preparar "civis e militares para desempenhar as funções executivas e conselheiras, especialmente naqueles órgãos responsáveis pela formulação, desenvolvimento, planejamento e execução da política de Segurança Nacional". Nesta escola, estudavam-se: 1) Questões políticas; 2) Questões psicológico-sociais; 3) Questões econômicas; 4) Questões militares; 5) Questões logísticas de mobilização; 6) Informações e contrainformações; 7) Doutrina de coordenação.

Para cursar a Escola Superior de Guerra, colocava-se como requisito que a pessoa tivesse nível universitário ou equivalente, o que de certo modo causou grande ausência de representantes dos sindicatos. Nos idos de 1966 haviam sido diplomados 599 militares, 224 empresários, 200 funcionários públicos, 97 empregados da administração descentralizada do governo, 39 parlamentares, 23 juízes federais e estaduais e 107 outros profissionais, tais como professores, economistas, escritores, médicos e padres católicos.

Os diplomados da Escola Superior de Guerra formaram uma associação de antigos alunos. Funcionava como ponto de encontro intelectual e social, responsável pela publicação do *Boletim da Associação dos Diplomados da Escola Superior de Guerra*. Para esta instituição, impunha-se a necessidade de tirar o máximo proveito do produto da economia e, ao mesmo tempo, de diminuir ao mínimo as lutas e as divisões dentro do país. Entendia-se que havia maior probabilidade "de guerra limitada, de conflito localizado e acima de tudo de agressão comunista indireta, que capitaliza descontentamentos locais, frustrações da miséria e da fome, e as justas ansiedades nacionalistas".

Em nome da segurança nacional, apregoavam-se a importância e a urgência do planejamento e do controle de natureza estratégica. Justificava-se, então, a progressiva militarização de todos os níveis da sociedade, destacando-se a ideologia e o comportamento empresariais. Os tecnoburocratas civis e os militares de alta patente passaram a estudar a inflação, a reforma agrária, a reforma bancária, os sistemas partidários, o transporte, a educação e demais matérias do gênero. Em meio a tais debates, irrompiam análises relativas à guerra de guerrilha e à guerra convencional.

Se a doutrina da Escola Superior de Guerra não se enraizou profundamente nas Forças Armadas ao longo da década de 1950, com a ampliação da crise brasileira no começo dos anos 1960 esta doutrina ganhou, dentro dela, enorme força. A escola passou a divulgar a premência de fixar-se uma estratégia global de desenvolvimento, considerando a democracia perfeita como algo ideal. A partir dessas ideias, o corpo docente da Escola Superior de Guerra transformou-se em centro de "conspiração defensiva" contra o governo constitucional de João Goulart.

A Segurança Nacional

A ideologia da segurança nacional, propagada pelos seus alunos e pelos seus antigos alunos, representou elemento importante no golpe de Estado de 1964. Por exemplo: 60% dos generais conspiradores tinham-se diplomado nesta Escola, enquanto 15% deles não a tinham frequentado. Dentro desse universo, é criado o Serviço Nacional de Informação (SNI), em junho de 1964, logo no princípio do governo de Castelo Branco. Este serviço se liga diretamente ao Conselho de Segurança Nacional e ao presidente da República. Sua finalidade consistia em "coletar e analisar informações pertinentes à Segurança Nacional, à contrainformação e à informação sobre questões de subversão interna".

O capital estrangeiro

Procurando abrir caminho ao capital estrangeiro no Brasil, como alternativa definida de desenvolvimento, o governo castelista revogou a Lei de Remessa de Lucros (Lei n. 4.131), aprovada pelo Congresso Nacional em 1962, e assinada pelo presidente Goulart em janeiro de 1964. Em lugar dela, surge a Lei n. 4.390, de agosto de 1964, verdadeira abertura do mercado brasileiro às nações amigas. Pela nova lei, o governo de Castelo Branco não fixava limites à percentagem de capital registrado que poderia ser enviado ao Exterior como lucro. Apenas no caso de capitais investidos na produção de bens e serviços prescrevia-se um limite de 8% à remessa de lucros.

Segundo a orientação governamental, os lucros reaplicados eram entendidos legalmente como capital original. A economia internacionalizada pelo capital estrangeiro, determinada nos primeiros tempos do castelismo, exigia alteração no campo trabalhista. Era imprescindível controlar as contradições sociais e elevar os lucros dos empresários.

As mudanças trabalhistas

A Lei de Greve (Lei n. 4.330), de junho de 1964, concedia ao governo o direito de definir o que significa greve política. De acordo com esta lei, estavam proibidas as greves "de natureza política, social ou religiosa", bem como as greves em serviços "essenciais e as de solidariedade". As definições destes tipos de greves ficavam por conta dos donos do poder. A nova Lei de Greve conjugava-se com a Consolidação das Leis do

Trabalho (CLT). De acordo com o artigo 723 desta Consolidação, os empregados não podem abandonar o serviço ou desobedecer decisão trabalhista "sem prévia autorização do tribunal". De fato, quase todas as greves passaram a ser ilegais. Considere-se também que ficavam proibidos de entrar em greve os funcionários públicos. O resultado logo apareceu: de 154 greves ocorridas em 1962 e das 302 de 1963, a cifra caiu para 25 greves em 1965 e 15, em 1966.

O arrocho salarial está retratado, de início, na Circular n. 10, do Ministério da Fazenda, que se referia à proporção dos aumentos salariais. Tais aumentos salariais eram antes reajustes, postos em prática por meio de fórmula construída pela *ficção econômica*. Assim, a fórmula dos reajustes salariais derivava de três elementos, calculados anualmente. Os elementos eram: o salário real médio dos trabalhadores nos 24 meses anteriores ao aumento, a antecipação inflacionária programada para os 12 meses seguintes ao aumento, e a avaliação do aumento anual da produtividade.

Se esta Circular n. 10, do Ministério da Fazenda, veio a atingir todos os funcionários públicos federais, estaduais e municipais, o Decreto-lei n. 54.018, de julho de 1964, estendeu suas normas também para as empresas controladas pelo Estado. O controle salarial dos trabalhadores não ficou apenas no setor público. A política econômica de Castelo Branco invadiu territórios mais celebrados do capitalismo, como o âmbito das leis do mercado de mão de obra. A Lei n. 4.725, de julho de 1965, levou o arrocho salarial ao setor privado.

A orientação decorrente da fórmula, usada para calcular os reajustes salariais, sofreu modificação quando se introduziram nela as taxas imaginárias de inflação. Em 1966, o controle dos salários tornou-se ainda mais rígido. Os Decretos-leis n. 15 e n. 17, de 1966, estabeleceram que os índices de reajustes salariais seriam decretados pelo Poder Executivo. As negociações entre patrões e empregados reduziram-se principalmente a discussões em torno de férias, transporte, condições de trabalho e elevação das taxas de produtividade.

Mesmo com inúmeras intervenções nos sindicatos, conseguiu-se uma aliança sindical envolvendo a Confederação Nacional dos Trabalhadores na Indústria. As transformações, promovidas pelo governo castelista, acabaram eliminando as normas de estabilidade no emprego, até então existentes no Brasil. A substituição da estabilidade do trabalhador pelo Fundo de Garantia do Tempo de Serviço (FGTS), em 1966, figurou como valioso presente para os patrões. Eles puderam aumentar a rotatividade da mão de obra, contratando empregados por salários sempre mais baixos. O grande presenteado, ao final de tudo, foi o Banco Nacional de Habitação (BNH), que recebeu os recursos do Fundo de Garantia do Tempo de Serviço (FGTS), pagando-lhes juros bem inferiores a qualquer cálculo da inflação. Pode então o Banco Nacional de Habitação (BNH) financiar casas, com dinheiro barato, cobrando preço e aplicando taxas bastante rentáveis a ele e aos construtores.

Medidas econômicas

Logo nos primeiros meses de governo de Castelo Branco, ele destacava a necessidade de controlar a crise econômica e financeira do país, anunciando medidas para paralisar a inflação e garantir bom ritmo ao desenvolvimento econômico. Queria discutir novos prazos para o pagamento das dívidas, sobretudo das dívidas contraídas com credores estrangeiros. Para o presidente da República, o governo respeitaria seus compromissos externos, pretendendo fixar com os credores os meios para a liquidação das dívidas. Era importante capitalizar o Brasil por meio de recursos nacionais e estrangeiros. Castelo Branco falava em "um certo grau de interdependência", colocando a independência do Brasil como "um valor terminal". Na realidade, ao mencionar interdependência, queria dizer principalmente que haveria relações entre o Brasil e os demais países, sob o domínio da livre empresa e do capital estrangeiro.

O Programa de Ação Econômica do governo Castelo Branco (1964-1966) — PAEG — orientava-se no sentido de alcançar a estabilização, o desenvolvimento e a reforma democrática. Este Programa de Ação Econômica

(PAEG) buscava a ampliação do apoio social à administração castelista e propunha até mesmo o diálogo com "todas as camadas populares". Isto naturalmente contradiz suas deliberações de arrochar salários e extinguir estabilidade no emprego.

Um dos documentos mais significativos da política econômica inaugurada em 1964 consiste no "Acordo Sobre Garantia de Investimentos entre Estados Unidos do Brasil e os Estados Unidos da América". Assinado em 1965 pelo embaixador Juracy Magalhães e por David Bell, coordenador-geral da "Aliança para o Progresso", esse acordo "Sobre Garantia de Investimentos" foi confirmado pelo Congresso Nacional. Em voto contrário à ratificação do Acordo pelo Congresso Nacional, denunciam-se seus vários vícios e inconveniências, tais como: conceder privilégios aos investidores estrangeiros; aumentar a desnacionalização da indústria brasileira; e autorizar ao garantidor e ao investidor a fixação arbitrária do montante do valor das garantias.

A repressão e a desmobilização, voltadas para o trabalhador brasileiro e para a empresa nacional, encontram sua outra face na repressão e desmobilização políticas. Por exemplo: o Ato Institucional n. 2, assinado em outubro de 1965 pelo presidente Castelo Branco, chegou apenas 24 dias depois das eleições para os governos estaduais. O Estado, inspirado na segurança nacional, não tolerou as eleições de Negrão de Lima, na Guanabara (Rio de Janeiro), e de Israel Pinheiro, em

Minas Gerais. Ambos demonstravam a força eleitoral de Juscelino Kubitschek, apesar de ele ter sido punido e afastado da vida política pelo Movimento de 1964.

O Ato Institucional n. 2 continha providências de natureza mais variada: avançava no controle do Congresso Nacional, carreando mais vigor para o Poder Executivo; alterava o funcionamento do Poder Judiciário; promovia modificações na representação política, extinguindo todos os partidos políticos do país. Os novos partidos — Arena (Aliança Renovadora Nacional) e MDB (Movimento Democrático Brasileiro) — tiveram de seguir as condições rígidas de um estatuto especialmente dedicado a eles.

Um quadro dos efeitos da doutrina da segurança nacional, elaborado pelo governo castelista, pode ser visto através do número de demissões no funcionalismo civil e militar do governo federal entre 1964 e 1967: nestes anos foram demitidos perto de 1.530 funcionários civis e 1.228 funcionários militares. A bem da verdade, o governo do presidente Castelo Branco não quis construir a democracia através da tolerância política, nem da valorização do trabalhador.

2

Costa e Silva: viva a Constituição, abaixo a Constituição

Da legalidade ao arbítrio

O Ato Institucional n. 2, em meio a outras providências, permitiu que o presidente Castelo Branco continuasse a punir qualquer contestação ao poder político. Por este Ato, o governo castelista estendeu as cassações de mandatos e as suspensões de direitos políticos até o dia 15 de março de 1967. Portanto, Castelo Branco, em nome da democracia, dava continuidade a medidas discricionárias até o final de sua gestão. O Ato Institucional n. 2 fazia-se acompanhar de aviso ao país.

Segundo as palavras do presidente Castelo Branco, "na hipótese de ocorrerem as condições estipuladas nesse próprio ato, será possível que ainda outras cassações sejam determinadas".

A posse de Costa e Silva

O que se convencionou chamar de eleição indireta, feita com Colégio Eleitoral antecipadamente montado, indicou o marechal Arthur da Costa e Silva para a presidência da República. Repetia-se, mais uma vez, o ilegítimo processo eleitoral já encenado com Castelo Branco, transferindo-se o poder presidencial a Costa e Silva no dia 15 de março de 1967. Impedido por doença, Costa e Silva não passou a presidência da República a ninguém em 1969, nem mesmo ao vice-presidente Pedro Aleixo, proibido de assumir o cargo de dirigente do país em virtude de um golpe de Estado. O golpe foi dirigido pelos três ministros militares, Aurélio de Lyra Tavares, Márcio de Souza e Mello e Augusto Hamann Rademaker Grünewald. Estes três militares baixaram a Emenda Constitucional n. 1, de 17 de outubro de 1969, dando outra redação à Constituição de 24 de janeiro de 1967.

É bom lembrar que, passados dois anos, os partidários do Movimento de 1964 repeliam as diretrizes constitucionais ditadas por Castelo Branco ao Brasil.

Fonte: Agência Estado

Costa e Silva

Mas, no início do governo do presidente Costa e Silva vigoravam a Constituição de 1967 e os novos partidos, Arena (Aliança Renovadora Nacional) e MDB (Movimento Democrático Brasileiro). A Constituição de 1967 incorporava grande parte das deliberações contidas em atos institucionais e complementares. Tratava ela de inúmeros assuntos, dos quais cabe ressaltar a regulamentação da separação dos poderes, os direitos dos estados na federação, o conceito de Segurança Nacional, os direitos políticos e individuais e a orientação da economia brasileira.

O programa do governo de Costa e Silva repisava certos temas já bem vulgarizados por Castelo Branco. Igual a este, Costa e Silva dissertava sobre o funcionamento da Constituição de 1967, sobre a importância da democracia, sobre a continuação do desenvolvimento, mostrando ainda aos trabalhadores suas novas conquistas. Chamava, porém, a atenção para algo novo: a batalha contra a burocracia. Costa e Silva entendia que a nova Constituição constituía grande obra jurídica, expressando seu respeito pelo Poder Legislativo, fiel representante do povo e responsável por sua própria eleição.

Na visão do presidente da República, seu governo apoiava-se na compreensão da opinião pública, no estímulo oferecido pelos políticos e na garantia dada pelas Forças Armadas. Aludia a "um governo para o povo, no sentido mais profundo da expressão". Sua imagem de democracia parecia ser discutível e fantasiosa. Em momentos bem próximos de negar tudo quanto prometera, insistia em dizer que "a maior vitória da nossa Revolução será, sem dúvida, chegar às soluções sem sair do regime democrático".

Sua imaginação corria à solta. Veja-se, por exemplo, suas ofertas aos trabalhadores. Levando em conta medidas anti-inflacionárias, Costa e Silva queria distribuir o sacrifício para todas as classes sociais e para o governo, impedindo malvadezas e injustiças cometidas contra os assalariados. De um lado, colocava os salários como causa da inflação; de outro, sugeria "incrementos salariais justos" e participação dos trabalhadores nos lucros das empresas "através da produtividade". Neste sentido, o presidente da República pensava atender as reivindicações da massa trabalhadora, até por meios indiretos, como o fornecimento de bolsas de estudos.

Costa e Silva tinha, igualmente, ideias acerca da política externa e do desenvolvimento. A bem dizer, o desenvolvimentismo salientava-se no pensamento presidencial. Mesmo as relações internacionais do Brasil deveriam depender da expansão do desenvolvimento. Sem esquecer as metas políticas e culturais, a orientação da diplomacia brasileira para as questões econômicas precisava ganhar "força impositiva". Alguém desavisado poderia compreender erroneamente o ideário do presidente da República. Verifiquem-se as palavras de

Costa e Silva relativas ao desenvolvimento. Segundo ele, desenvolver representava "um processo de crescimento, não apenas acelerado, mas, sobretudo, autossustentado". É claro, tal ideia de desenvolvimento em nada se parecia com a proposta do nacionalismo econômico. O contrário devia ser a realidade.

A oposição à Costa e Silva

As contradições do processo sócio-histórico do Brasil, mais uma vez, demonstraram que os interesses dominantes do capitalismo aqui encontravam enérgica oposição. Já no segundo semestre de 1967, o presidente Costa e Silva recebera 24.656 cartas, revelando queda no otimismo nacional e pedindo controle do custo de vida, juntamente com aumento de salários. Estas cartas traziam perguntas sobre o andamento da reforma agrária, sobre os problemas da educação, sobre as deficiências do Banco Nacional de Habitação (BNH) e da Previdência Social (INPS).

A sociedade brasileira, principalmente os setores populares, carregava o peso do arrocho salarial e da falta de liberdades, garantidos por legislação ilegítima e pela repressão policial. Os grupos de oposição foram-se unindo precariamente, atuando em grandes manifestações e passeatas de protesto nos anos de 1967 e 1968. O movimento estudantil, a ação dos trabalhadores e a

Frente Ampla irromperam em diversos lugares do país. Opunham-se ao governo, tanto nas ruas, nos comícios e nas passeatas, quanto no Congresso Nacional, por meio de parlamentares, em especial do MDB, eleitos em 1966.

Apesar de extinta por lei, a União Nacional dos Estudantes (UNE) recebia grande apoio deles, organizando-os aos poucos em maior número, em suas várias atividades oposicionistas. A repressão ao movimento estudantil avançou por todos os cantos do país, inclusive invadindo celebração de missas, e pondo grupos da Igreja Católica contra o governo de Costa e Silva. Em 25 de junho de 1968, uma grande passeata, reunindo cerca de 100 mil pessoas, percorreu pacificamente as ruas do centro do Rio de Janeiro.

A luta sindical tomou corpo com a chamada "oposição sindical". Em 1967, militantes desta oposição começaram a caminhada para recuperar os cargos eletivos dos sindicatos, então ocupados por interventores do governo. A oposição sindical avivou as campanhas eleitorais, buscando transformar as fechadas estruturas corporativas dos sindicatos. Pelas eleições, sindicalistas de oposição queriam dar mais representatividade aos trabalhadores, no interior dos sindicatos.

Examine-se o caso das eleições feitas em 1967, no Sindicato dos Metalúrgicos de Contagem, Minas Gerais. A oposição sindical saiu-se vitoriosa, embora seu líder mais expressivo tivesse sido eliminado da chapa por decisão da Delegacia Regional do Trabalho. No dia 16 de abril de 1968, 1.700 operários da maior fábrica de Contagem não só se declararam em greve, mas ainda tomaram seus diretores como reféns. Em uma semana, 15 mil trabalhadores da região haviam aderido à greve, paralisando importantes indústrias. O sindicato, fazendo o papel de mediador, encaminhou aos grevistas a proposta oferecida pelo Ministério do Trabalho. Ela foi aceita e, em 25 de abril de 1968, se encerrou a greve.

A greve dos metalúrgicos de Contagem provocou pronta resposta do governo Costa e Silva. Em 12 de junho do mesmo ano, o Decreto-lei n. 5.451 tornava permanente o controle salarial de todos os empregados pelos mecanismos do Estado. Isto não impediu a eclosão de outra greve, com consequências bastante sérias. Em 1967, a oposição sindical assumiu, por eleição, a presidência do Sindicato dos Metalúrgicos de Osasco, no estado de São Paulo. A direção do sindicato passou a receber as reclamações e as propostas dos trabalhadores, vindas de assembleias e das recém-criadas comissões de fábricas.

Em novembro de 1968, explode a greve de Osasco, cuja organização feria a intolerância governamental de Costa e Silva. No dia seguinte ao princípio da greve, o Ministério do Trabalho praticou intervenção no Sindicato dos Metalúrgicos de Osasco, afastando todos os seus dirigentes eleitos. O presidente do sindicato, perseguido pelas forças de segurança, caiu na clandestinidade e, tempos depois, acabou no exílio. Controlado o sindicato em Osasco, muitos sindicalistas de oposição foram tidos como desaparecidos.

A par das pressões contra o governo, exercidas pelo movimento estudantil e pela oposição sindical, entrava na cena política a Frente Ampla. Esta Frente passara a esboçar-se em 1965. Neste ano, o governador de Minas Gerais (Magalhães Pinto) e o governador da Guanabara (Carlos Lacerda) já faziam duras críticas ao governo castelista. Em 1967, eles organizaram a Frente Ampla de oposição às diretrizes de Costa e Silva. A Frente Ampla alcançava muitos setores da política brasileira, alimentando-se de políticos civis de orientação conservadora.

A Frente Ampla ganhou partidários importantes, como os ex-presidentes Juscelino Kubitschek e João Goulart, o qual se encontrava exilado em Montevidéu, no Uruguai. A presença de Juscelino e de Jango dava maior credibilidade à Frente Ampla, alargando suas bases políticas, sindicais e trabalhistas. O governo do presidente Costa e Silva resolveu liquidá-la, pois tal Frente atingia até mesmo grupos conservadores civis e militares, criticando a orientação governamental. Em abril de 1968, Costa e Silva baixou decreto-lei proibindo a Frente Ampla de organizar-se, de realizar comícios, reuniões e passeatas, bem como de publicar suas declarações políticas ou seus documentos.

O Ato Institucional n. 5

O Ato Institucional n. 5 estava em gestação. Era imprescindível criar condições para o seu nascimento. Um discurso, proferido por um deputado eleito pelo MDB da Guanabara, convidava a população a não comparecer à parada militar de 7 de setembro, que muitos chamam de Dia da Independência. Sugeria o deputado que as mulheres brasileiras não namorassem oficiais comprometidos, de um modo ou de outro, com violências praticadas pelo governo federal. Tal discurso melindrou os ministros militares, que então requereram ao Supremo Tribunal Federal o julgamento do deputado, por ofensa à honra e à dignidade das Forças Armadas.

O Congresso Nacional, porém, depois de votação nominal de seus membros, manteve a imunidade parlamentar do deputado, consagrando a integridade da tribuna da Câmara, onde ele falara. O Ato Institucional n. 5 foi assinado pelo presidente Costa e Silva em 13 de dezembro de 1968, um dia depois da votação do Congresso Nacional, que assegurava a imunidade parlamentar do deputado.

O Ato Institucional n. 5 não marcava prazo para sua vigência, concedendo ao presidente da República inúmeros poderes: a) fechar o Congresso Nacional, assembleias estaduais e câmaras municipais; b) cassar mandatos de parlamentares; c) suspender por 10 anos os direitos políticos de qualquer pessoa; d) demitir, remover, aposentar ou pôr em disponibilidade funcionários federais, estaduais e municipais; e) demitir ou remover juízes; f) suspensão das garantias do Poder Judiciário; g) decretar estado de sítio sem qualquer impedimento; h) confiscar bens como punição por corrupção; i) suspensão do *habeas corpus* em crimes contra a Segurança Nacional; j) julgamento de crimes políticos por tribunais militares; k) legislar por decreto e expedir outros atos institucionais ou complementares; l) proibição de exame, pelo Poder Judiciário de recursos impetrados por pessoas acusadas por meio do Ato Institucional n. 5.

O Brasil construído pelo Ato Institucional n. 5 ficou com marcas indestrutíveis. Destas marcas, não se devem esquecer as prisões sem acusação formal e sem mandado, além dos graves abusos de poder e das torturas praticadas em presos. O clima de uma época é retratado de infinitos modos, mas há acontecimentos que a singularizam. O Ato Institucional n. 5 aniquilou as duas principais instituições políticas que foram geradas pelo próprio Movimento de 1964: os partidos (Arena e MDB) e a Constituição de 1967.

Com esse Ato Institucional, o marechal Costa e Silva, feito presidente da República, reconhecia que mesmo um Congresso Nacional bem fiscalizado não oferecia condições para o tranquilo funcionamento do governo federal. O presidente Costa e Silva perdera o apoio político, restando-lhe por fim as duras soluções oferecidas pelas Forças Armadas.

Entre promessas e tropeços

Sem dúvida, os poderes Legislativo e Judiciário atravessaram notórias dificuldades no período compreendido entre 1964 e 1968. Mas, com a invenção do Ato Institucional n. 5, de 1968, a situação de ambos os poderes ficou claramente periclitante. O Congresso Nacional teve de trabalhar de acordo com regras nem sempre definidas, que podiam ser mudadas a qualquer momento pelo Poder Executivo. O Ato Institucional n. 5, nascido com Costa e Silva, gozou de longa vida, existindo durante as gestões de Médici e de Geisel.

Medidas econômicas

As diretrizes de governo e o programa estratégico de desenvolvimento, produzidos pelo governo de Costa e Silva, tinham a intenção de alcançar os anos compreendidos entre 1967 e 1970. Levando-se em conta as palavras do presidente Costa e Silva; conservava-se o combate à inflação, protegia-se a empresa privada (especialmente a nacional), dava-se força às indústrias de base e estimulava-se a criação de empregos. A luta gradual contra a inflação, para o chefe de Estado, diminuiu muito os sacrifícios dos brasileiros. Nesse sentido, queria transferir a atuação progressiva contra a inflação do setor privado para o setor público. Ora, se o poder estatal arcava com o peso das medidas anti-inflacionárias, não é difícil entender que a sociedade inteira, sobretudo os trabalhadores, acabaria carregando este peso.

Contradições à parte, as Diretrizes de Governo e o Programa Estratégico de Desenvolvimento (PED) eram otimistas e tinham excelentes propósitos. Por tal documento, a política econômica visava a "aceleração do desenvolvimento" e a "contenção da inflação". Estas metas principais estavam dirigidas para a "valorização do homem brasileiro". A partir destes passos, o governo de Costa e Silva nutria quase as mesmas intenções de Castelo Branco.

As denominadas Diretrizes e o Programa Estratégico de Desenvolvimento (PED) desejavam fortalecer a empresa particular de capital nacional, sem afastar as empresas estrangeiras; desejavam manter relativa estabilidade de preços; desejavam avançar com o desenvolvimento social, valorizando a educação e criando novas oportunidades de emprego. Os desejos eram muitos, e havia outros mais: distribuir a renda, aumentar o mercado interno, amparar a tecnologia nacional, aceitar o capital internacional e convocar todas as lideranças brasileiras.

Aquele documento de planejamento finalizava suas pretensões chamando a atenção para a necessidade de conservar a ordem social e as instituições políticas. Quando se referia aos salários, ele caía na entediante norma de elevá-lo na proporção do crescimento da produtividade. Todas essas promessas não encontraram eco na realidade, aliás, cada vez mais impiedosa com os assalariados. No Estado da Guanabara (Rio de Janeiro), de fato o custo de vida desceu de 86,6% (em 1964) para 20,9% (em 1970). Ocorre, porém, que a diminuição é notada também na evolução do salário mínimo real. Ainda neste Estado, considerando-se o ano de 1964 como índice igual a 100%, constata-se que o salário mínimo real caíra para 83,6%, em 1969.

O que certamente demonstra a precária condição humana dos trabalhadores é o exame do tempo de trabalho necessário para comprar determinados alimentos. Na cidade de São Paulo, para se adquirir um quilo de pão eram precisos 78 minutos de trabalho em 1965, enquanto em 1969 se exigiam 147 minutos. Na mesma linha de raciocínio, a compra de um quilo de feijão correspondia a 95 minutos de trabalho em 1965, ao passo que requeria 199 minutos, em 1969. Igual caso acontecia com a aquisição do arroz (um quilo por 75 minutos de trabalho em 1965, passando para 107 minutos em 1969), e do litro de leite (custava 34 minutos de trabalho em 1965, elevando-se para 46 minutos, em 1969).

A política econômica, depois de 1964, atacou cruelmente a empresa nacional, pois o número de falências e concordatas subiu neste ano e nos seguintes. Verifique-se que, após 1962, a quantidade de falências e concordatas requeridas na Guanabara (Rio de Janeiro) começou a cair, havendo 226 falências e 43 concordatas, em 1963. Em 1965, no entanto, na própria Guanabara, as falências e concordatas cresceram bastante, passando respectivamente para 324 e 76.

As empresas estrangeiras tiveram muita sorte, como talvez diga um bom tecnocrata. É preciso dizer que, além de sorte, o solo era muito fértil, porque os hóspedes eram gentis. Em 1968, uma classificação das dez maiores sociedades anônimas do Brasil, tomando catorze setores de atividades econômicas e baseando-se em seu patrimônio líquido médio, demonstrava a superioridade das empresas internacionais. Dos catorze setores de atividades econômicas, as empresas internacionais eram as maiores em sete, enquanto as empresas particulares de capital nacional predominavam em quatro.

Das dez maiores sociedades anônimas do Brasil, nesse mesmo ano de 1968, apenas no setor de mineração e de siderurgia dominavam as empresas estatais. Pessoas nem sempre muito felizes, pois não possuíam olhos para ver, esconjuravam a estatização. Para elas, ao Estado brasileiro cabia somente investir em setores rentáveis a longo prazo, transferindo a dívida para a sociedade.

3

Garrastazu Médici e os milagres da República

Silêncio e estabilidade

O Ato Institucional n. 5, de dezembro de 1968, concentrou concretamente toda a força política no Poder Executivo, representado por Costa e Silva. Tal Ato evidenciava a vitalidade da oposição ao Movimento de 1964. Evidenciava também as contradições internas, presentes neste Movimento. O preâmbulo do Ato Institucional n. 5, principalmente quanto à resistência dos grupos políticos e culturais, anunciava: "Os instrumentos jurídicos, que a Revolução vitoriosa outorgou à nação para sua defesa, desenvolvimento e bem-estar de seu povo está servindo de meios para combatê-la e destruí-la".

De novo abriu-se uma temporada de maníaca repressão. O presidente da República explicava esse turbilhão repressivo através da "falência temporária do poder político", a qual retirou a sustentação do governo. No final de agosto de 1969, bastante doente, Costa e Silva foi substituído pela Junta Militar, depois de afastado o vice-presidente da República, Pedro Aleixo. Portanto, a Junta Militar, formada por Aurélio de Lyra Tavares, Márcio de Souza e Mello e Augusto Hamann Rademaker Grünewald, impediu pela força a posse do vice-presidente, além de baixar a Emenda Constitucional n. 1, de 17 de outubro de 1969, que desde então tem sido rotulada de Constituição.

A posse de Médici

Ao Congresso Nacional coube a tarefa de abrir suas portas para eleger o candidato indicado pelas Forças Armadas para a presidência: general Emílio Garrastazu Médici. Este general teve sua eleição bastante atribulada. Elevou-se ao cargo de presidente da República em 30 de outubro de 1969, depois de ser indicado como candidato único pelo Alto Comando do Exército, e de receber a sua confirmação pelo Alto Comando das Forças Armadas. Mesmo com esse apoio irresistível, Médici não alcançou unanimidade na eleição presidencial. O Congresso Nacional elegeu-o pelo voto indireto de 293 deputados e senadores, com a abstenção de 76 partidários do MDB e com nove ausências. O presidente Médici foi fiel no prazo de seu mandato, transferindo a Ernesto Geisel a presidência da República em 15 de março de 1974.

À época de sua posse, Médici leu um "credo", no qual se declarava "homem da lei". Achava ele "que a plenitude do regime democrático é uma aspiração nacional". Na realidade, Médici não foi um primor na clareza de suas palavras. Falava de democracia, de justiça social, de reformas, de desenvolvimento, examinando igualmente a situação dos trabalhadores. Nunca se esqueceu, porém, de colocar acima de tudo o Ato Institucional n. 5. Fez promessas: "Esperava entregar o país em pleno regime democrático, ao final de seu governo".

Seu raciocínio se confundia quando pensava em democracia, ao menos ao que parece. Ao mesmo tempo em que admitia sua falta de fé na plena democracia, punha-se como combatente em prol do regime democrático. Em um momento, afirmava: "A plena democracia é ideal que, se algum lugar já se realizou, não foi certamente no Brasil". Em outro o presidente Garrastazu Médici acrescentava novos aspectos às suas ideias democráticas, lembrando "que, não sendo fim em si, a democracia é simples meio ou instrumento para que determinado fim se alcance".

Médici naturalmente deixou a impressão de evitar a soberania da vontade popular. Preferiu fixar em

Fonte: Agência Estado

Garrastazu Médici

primeiro lugar o poder ilimitado. De acordo com as palavras do presidente da República, ele mesmo defendeu durante o governo de Costa e Silva o uso de medidas fortes e imediatas, com a finalidade de conter a oposição cada vez mais ampla na sociedade brasileira. Em sua gestão, portanto, Médici não via motivos para acabar com o Ato Institucional n. 5, que não prejudicava "os que se situam dentro dos quadros do regime". Sustentava a necessidade da repressão, entendendo que não se confundiriam inocentes com culpados.

Raramente se empregou tanta sinceridade na história do Brasil. O presidente da República propunha claramente repressão "dura e implacável", "apenas contra o crime, e só contra os criminosos", noticiando: "Não puniremos inocentes por culpados". Em poucas ocasiões um presidente da República se responsabilizou em propor ao país a aplicação da repressão e da censura. Além do mais, ele manifestava a certeza de saber quem seria inocente e quem seria culpado, uma angústia secular no direito dos homens.

Mas o presidente Médici tinha outras ideias. Em seu programa governamental, apresentava indicações relativas à reforma agrária e à situação dos trabalhadores. No caso da reforma agrária, Médici no princípio de 1970 procurava dinamizá-la em áreas previamente escolhidas, sem atingir as propriedades que cumprissem sua "função social". Em se tratando dos trabalhadores, por exemplo, eles continuariam suportando deliberações anti-inflacionárias, reajustando seus salários com base na produtividade. Médici, no entanto, trazia sugestões à massa trabalhadora. Segundo ele, esta massa de homens conseguiria maior participação nos lucros das empresas.

O presidente da República expressava grande preocupação em demonstrar as vantagens do Fundo de Garantia do Tempo de Serviço (FGTS). Ele o via como um passo a mais na emancipação de quem trabalha, pois o empregado era livre na sua escolha entre o regime de estabilidade e o regime do Fundo de Garantia. Embora o presidente Médici figurasse como um fraco entusiasta da liberdade, acreditava, por incrível que pareça, na ampla liberdade dentro da empresa. Basta lembrar que o fantasma do desemprego e da fome exclui de imediato qualquer possibilidade de opção entre a estabilidade e o Fundo de Garantia.

Mas o chefe de Estado acreditava nisso! Ele pensava também que as chamadas conquistas do trabalhador brasileiro dependiam da continuidade do desenvolvimento. Só haveria conquistas trabalhistas com o desenvolvimento, e desenvolvimento sem justiça social pouco valeria. Médici aludia ainda a outros assuntos, como o Imposto de Renda. Queria transferir, por tal imposto, recursos das pessoas de rendimento mais alto para outros setores, de interesse coletivo. O presidente Médici não revelava aí nenhuma proposta original. Tudo isto representava quase sempre um pensamento comum, repetido inúmeras vezes em diversos governos. Também as críticas às "vantagens ilusórias" oferecidas ao trabalhador não passavam de alguma coisa corriqueira, dita e redita em muitas oportunidades.

O presidente da República não desejava "vantagens ilusórias, passageiras, descabidas", para a massa trabalhadora, pois enfraqueciam a empresa privada de capital nacional. A condição dos assalariados praticamente não sofreu qualquer modificação para melhor. A realidade política e social do Brasil dava a impressão, por mais desapaixonado que se esteja, de não coincidir com os discursos de Garrastazu Médici. Assim, a realidade brasileira fugia às palavras presidenciais, mostrando uma cena muito diferente.

A oposição e a repressão governamental

Suprimida a voz popular e escondidas as contradições do país, através de constante repressão por forma mais variada, as oposições entraram num beco sem saída. As organizações oposicionistas se renderam, se ocultaram ou caíram na luta armada, clandestina. Os grupos armados tornaram-se mais ativos em 1969.

A partir desse ano, ocorreram fugas em massa de presos políticos, assaltos a bancos para conseguir-se recursos financeiros, ataques a quartéis para retirar armas dos militares. Uma organização revolucionária chegou a ocupar emissora de rádio, na cidade de São Paulo, transmitindo mensagem de seu líder, Carlos Marighela. Iniciaram-se sequestros de embaixadores, visando a ver atendidas suas reivindicações, principalmente a libertação de seus partidários detidos. Sequestraram-se diplomatas de várias nacionalidades: norte-americana, alemã, japonesa e suíça. O Movimento de 1964, diante de tais acontecimentos, encontrou duas maneiras de agir. De um lado, negociava com os grupos armados de oposição. De outro lado, aumentava ilimitadamente sua repressão.

Em setembro de 1969, o governo federal expediu os Atos Institucionais ns. 13 e 14. O Ato Institucional n. 13 determinava que os presos políticos, trocados por diplomatas sequestrados, receberiam a condição de banidos do Brasil. O Ato Institucional n. 14 acrescentava à Constituição de 1967 algumas penalidades, antes inexistentes. Desde então, aplicavam-se penas de morte, de prisão perpétua e de banimento, quando acontecessem "guerra psicológica", "guerra adversa revolucionária" ou "subversiva" e "guerra externa". Estes tipos de guerra, em geral, não vinham bem definidos, permitindo interpretações mais distintas.

Ainda antes da posse do general Médici, a Junta Militar impôs ao país dois outros documentos legais: a Lei de Segurança Nacional, de setembro de 1969, e a Emenda n. 1, de outubro de 1969, às vezes conhecida como Constituição deste ano. A Lei de Segurança

Nacional destruiu as liberdades públicas no Brasil, transformando-se em enérgico instrumento de repressão política. Atacando os direitos individuais, na prática avançou contra os direitos de reunião, de associação e da imprensa.

A tal de Emenda n. 1 à Constituição de 1967, produzida pela Junta Militar, fortificou sobremaneira o Poder Executivo. Em meio a diversas peculiaridades do poder governamental, chama a atenção o Decreto-lei n. 69.534, assinado por Médici em 11 de novembro de 1971. Este texto legal tem sido conhecido pelo nome de "decreto-lei secreto". Por ele, o presidente da República podia editar decretos-leis secretos, com conteúdos sem divulgação oficial, autorizando até a prisão de pessoa por violar a lei, que ela própria desconhece.

Depois de 1969, as forças responsáveis pela repressão atacaram e exterminaram os partidários dos grupos armados, que agiam na clandestinidade. As operações repressivas tomavam a mais variada forma, indo desde busca e detenção de muitas pessoas desarmadas, até o uso de tortura para chegar a informações desejadas. O combate aos referidos grupos armados, portanto, envolvia a construção de barricadas, com o fim de revistar veículos e pessoas.

Casas eram invadidas e vistoriadas, em busca de alguma coisa comprometedora, se isto significava alguma oposição ao governo. Pessoas sem documentos eram tachadas, no mínimo, de suspeitas e em geral detidas.

A repressão política, comandada diretamente pelo Poder Executivo, estendeu-se pelas cidades e pelos campos do Brasil. Justificando-se através da urgência em conseguir informações, capazes de permitir a extinção dos grupos armados, desaparecia a ética da responsabilidade. Os brasileiros viveram então, quase sempre, a tortura da suspeita, quando não foi outra tortura.

No campo, ressaltem-se as operações repressivas no Vale da Ribeira (estado de São Paulo) e no Araguaia (na região amazônica). No que diz respeito às lutas no Araguaia, sabe-se, pelas palavras de um político situacionista, que a guerrilha de Xambioá foi a única bem organizada. Tal político explicava o silêncio sobre esta guerrilha como um meio de impedir ações semelhantes, pois a grande massa desconheceu o assunto, isenta dos efeitos da propaganda. Para se ter ideia, a única reportagem publicada no Brasil, entre 1972 e 1978, saiu no jornal *O Estado de S. Paulo*, em setembro de 1972. Em seguida, a censura prévia controlou a imprensa, e a guerrilha do Araguaia permaneceu oculta da população, até 1978.

O governo de Garrastazu Médici não só jogou lá todo o peso da repressão política e militar. Ainda promoveu grande plano de controle do Araguaia, baseando-se na ocupação por tropas de soldados e na intimidação dos habitantes da área. Tal acontecimento desta região amazônica constitui somente um caso isolado, dentro do quadro de repressão montado no país.

O Movimento de 1964 construiu vasto esquema de combate à sua oposição, tanto desarmada, quanto armada. Esse esquema se compunha de uma rede de informação política, de órgãos voltados para ações especificamente repressivas, e de grupos de controle político no interior das próprias Forças Armadas. A informação política realiza-se sobretudo pelo Serviço Nacional de Informações (SNI), inspirado pelo general Golbery do Couto e Silva e regulamentado por decreto-lei junho de 1964. O tal Serviço Nacional de Informações se liga diretamente ao Poder Executivo, de modo especial ao Conselho de Segurança Nacional. Embora com certa autonomia, e relacionados com o Serviço Nacional de Informações, cada setor das Forças Armadas também analisa informes de seu interesse.

Nesse sentido, a partir da proposta de ter seu próprio centro de estudos das notícias, o Exército criou o CIEX, a Marinha instituiu o CENIMAR e a Aeronáutica deu origem ao CISA. Surgiram serviços secretos com a tarefa de controlar componentes das Forças Armadas, chamados de E-2 no Exército, de M-2 na Marinha e de A-2 na Aeronáutica.

Com o aumento da luta armada no Brasil, as polícias estaduais foram perdendo sua missão de praticar a repressão. No ano de 1969 colocou-se em funcionamento a Operação Bandeirantes (OBAN), ligada ao II Exército, com sede em São Paulo. Esta operação se voltava para a repressão direta e violenta, aplicada a suspeitos e a participantes de grupos armados de natureza clandestina. Tempos depois a Operação Bandeirantes alargou seu campo de ação a outro estados, apesar de suas mais expressivas atividades acontecerem em São Paulo e no Rio de Janeiro.

Em pleno governo do presidente Médici, em 1970, aparece em São Paulo o primeiro CODI, tendo como o seu órgão de execução o DOI. Estas organizações parecem ser aquelas que sobretudo se dedicaram a conseguir informações à força, não poupando mentes e corpos. Acabaram operando igualmente em outros estados brasileiros, além de São Paulo.

O Movimento de 1964 não se limitava a utilizar apenas estes instrumentos repressivos. O Poder Executivo contava também com o Departamento de Polícia Federal (DPF), subordinado ao Ministério da Justiça. A Polícia Federal tem-se destacado principalmente no campo da censura aos canais de comunicação e a empreendimentos culturais, se bem que no cumprimento de suas atribuições pareça ter coordenado o combate a mobilizações sociais. A nível dos estados, cabe recordar a atuação das polícias militares e dos Departamentos de Ordem Política e Social (DOPS). A polícia militar, com competência estadual, antes representava uma força autônoma de responsabilidade de cada governador. Mas, em 1969, o Decreto n. 667 subordinou estas polícias ao Exército, dirigindo-as para a manutenção da "segurança interna".

Não é difícil imaginar como o silêncio havia pairado sobre a sociedade brasileira. O ministro da Justiça do governo de Médici, Alfredo Buzaid, por meio do Decreto-lei n. 1.077, regulamentou a Emenda Constitucional n. 1. Por este decreto-lei, jornais e revistas tinham de registrar-se na Polícia Federal, além de obedecer a uma série de exigências. A censura avançava livremente, em nome da tranquilidade e da moral. Por exemplo, o jornal *Opinião*, às vezes apenas tolerado em sua oposição ao governo, recebia vetos bem singulares e esquisitos. Após ter iniciado a impressão de sua edição de número 24, a redação de *Opinião* recebeu dezesseis de suas páginas com observações peculiares da censura.

Veja-se o conteúdo de algumas das referidas observações: "Pág. 12, veto de dois parágrafos de um texto do correspondente do jornal *Le Monde* em Saigon, Jean-Claude Pomont"; — "Pág. 23, cortados trechos de uma carta de um leitor em que ele citava uma entrevista do cômico Zeloni sobre sua vida na época de Mussolini, na Itália fascista, publicada no *Jornal do Bairro*, de São Paulo; cortado um trecho de um comentário de um leitor sobre o filósofo Max Stirner, do século XIX".

Os banidos do Brasil igualmente mantinham silêncio, porque suas declarações não podiam ser publicadas. Mas o silêncio vinha também em virtude da desordem mental de alguns deles. Afinal, os maus-tratos físicos e mentais deixaram marcas definitivas. Verifique-se o que restou de lógica no seguinte depoimento de uma exilada, que morreu em Berlim Ocidental no ano de 1976:

> A apologia da violência. A luta pelo poder absoluto. A destruição do outro, da antítese da sua alma negra. O sacrifício dos bebês. Onde já se viu jabuticaba de asa, meu filho? Eu tinha comido um besouro. Ele zumbia dentro de mim furioso, pra me lembrar que a imaginação incomoda muita gente. Parar de imaginar, parar de ser e de querer. Aceitar, resignar é bom, traz brisa fresca, café com leite de manhã, muita fartura.

Não se pode negar que o governo de Garrastazu Médici tenha registrado estabilidade política. Manteve o Congresso Nacional em funcionamento, cassou somente dez ocupantes de cargos políticos entre 1970 e 1973, o menor número de punições desta natureza. Mas o silêncio tinha penetrado fundo na sociedade brasileira, pois para isto não faltavam meios ao presidente Médici.

Do silêncio ao milagre

O Congresso Nacional ficou fechado de dezembro de 1968 a 30 de outubro de 1969. Durante este período, o Poder Executivo baixou treze atos institucionais, quarenta atos complementares e vinte decretos-leis. Assim, quando o general Garrastazu Médici assumiu a presidência da República, já havia a base legal para garantir o que se intitulou de "milagre econômico brasileiro". Apesar do nome pomposo, o "milagre econômico" nem sempre era admitido por Médici. Certa vez, porém, acabou por defini-lo, considerando que o "milagre brasileiro tem um nome e esse nome é trabalho".

O que significa "milagre brasileiro"

A política econômica do governo de Médici conservou a mesma orientação dos outros anteriores. Adotaram-se também medidas anti-inflacionárias, aplicadas gradativamente. Em 1972, o presidente da República apontava um conjunto de bons resultados no campo econômico, aliás, como já fazia antes, ao mencionar o Movimento de 1964. Em 1972, no entanto, segundo o Chefe de Estado, a situação da economia do país apresentava-se bem prometedora. Existia alto nível no crescimento da produção, tinha-se gerado poupança e assegurado razoável estabilidade monetária, diminuindo-se os efeitos da inflação. Neste rol de sucessos, o presidente chamava a atenção para o crescimento do emprego da mão de obra, enquanto se restringiam as diferenças regionais.

Em plena administração de Médici, publicou-se o I Plano Nacional de Desenvolvimento (PND). Portanto, no final de 1971, este Plano novamente destacava a importância do planejamento, que garante eficiência e rentabilidade, evitando capacidade ociosa na economia. Eram colocados três "grandes objetivos nacionais do desenvolvimento brasileiro". Em primeiro lugar, o Brasil seria elevado à categoria de nação desenvolvida, dentro de uma geração. Em segundo lugar, multiplicar por dois a renda *per capita* brasileira até 1980, em comparação com 1969. Em terceiro lugar, ampliar a economia, na base do crescimento anual do Produto Interno Bruto entre 8% e 10%, em 1974.

O I Plano Nacional de Desenvolvimento previa algumas condições para sua concretização. Essas condições não eram poucas nem fáceis. Consistiam em distribuir os resultados do progresso econômico por toda a sociedade brasileira. Além disso, entre as referidas condições, estavam a integração social, a construção de mercado de massa e a assistência ao trabalhador para aumentar a produção. Mesmo aludindo à integração social, o certo é que o I Plano Nacional de Desenvolvimento voltava outra vez a colocar o reajuste salarial na dependência do crescimento da produtividade.

Sem dúvida, o governo de Médici usou à vontade da propaganda política, destacando o crescimento do país. Desenvolvia nas mentes a imagem de grande potência, cujo retrato era o "Brasil grande". Na realidade, entre 1968 e 1973, houve um período de crescimento industrial. O Produto Interno Bruto passou de

4,8%, em 1967, para 14%, em 1973. Em seguida, o Produto Interno Bruto caiu para 9,8% em 1974, e para 5,6% em 1975. Ao mesmo tempo em que o Produto Interno Bruto se elevava, a taxa de inflação manteve-se, ao longo deste período, numa média de 20%. Por se tratar da inflação brasileira, esta taxa era bastante razoável.

O crescimento econômico do país repousava, em grande parte, no desempenho do setor industrial. Mas não foi apenas e principalmente o parque industrial que se responsabilizou pelo crescimento do Produto Interno Bruto. Houve também aumento do total de investimentos estrangeiros e estatais no Brasil. Este fato acabou provocando a rápida elevação da dívida externa, que passou de 3,9 bilhões de dólares em 1968, para além de 12,5 bilhões de dólares em 1973. Assim, no governo de Médici, enquanto se festejava a embriaguez do dito "milagre econômico", a dívida externa do Brasil crescia bem mais de três vezes.

Os tecnoburocratas, que circulavam em volta dos enormes poderes do presidente da República, polemizavam sobre a distribuição da renda à população. Uns preocupavam-se em distribuí-la durante o próprio curso do desenvolvimento econômico. Outros achavam necessário aumentar o tamanho do bolo, para depois reparti-lo. Tem-se a impressão de que a "teoria do bolo" prevaleceu. O bolo era mínimo e poucos privilegiados levaram-no para casa. O povo não pode prová-lo. É possível, devido à ampliação da dívida externa, que nem houvesse bolo, a não ser na cabeça dos tais técnicos governamentais e nas fantasias projetadas pela propaganda política da presidência da República.

Imagine-se o quadro melancólico dos assalariados, sem horizonte azul, tampouco lembrado pelos discípulos da euforia. Dentro do período que se denominou "milagre econômico", as condições pioraram para quem trabalhava. Em 1969, a produtividade real foi de 5,9%, mas os reajustes salariais tiveram seu cálculo com base em 3%. Em 1971, a produtividade real foi de 8,1%, mas os reajustes salariais tiveram seu cálculo com base em 3,5%. Em 1973, no final do governo de Médici, a produtividade real foi de 8,4%, mas os reajustes salariais tiveram seu cálculo com base em 4%. As diferenças entre estes índices evidenciavam a queda nos salários, cujos aumentos não correspondiam sequer aos discutíveis índices de produtividade real, obra dos donos do governo.

Por outro lado, nunca é demais examinar a questão da alimentação dos trabalhadores. Analisando-se o tempo de trabalho necessário para a compra de alimentos mínimos, conforme o Decreto-lei n. 399, de 1938, constatam-se muitas dificuldades dos assalariados. Em 1969, eram necessárias 110 horas e 23 minutos, a fim de se comprar a alimentação mínima, de acordo com o citado decreto-lei. Em 1973 eram necessárias 147 horas e 4 minutos para adquirir-se a mesma alimentação. Em nome do "milagre brasileiro", ou do crescimento do bolo, a maioria da população trabalhava mais para comer.

Mergulhados no silêncio imposto pela repressão política e nas mágicas divulgadas pela propaganda governamental, muitas pessoas celebravam o seu "milagre econômico", ao passo que o restante dos brasileiros assistiam a festas bem programadas. A maioria do povo sentia a vida sem milagre!

Ernesto Geisel: a abertura política para principiantes

Reformas e manutenção do poder

O presidente Médici entregou ao general Ernesto Geisel a presidência da República em 15 de março de 1974. O nome do general Geisel foi anunciado oficialmente em junho de 1973, tornando-se assim o sucessor de Médici. Em consequência, através do que se tem denominado de eleição indireta, a Arena confirmou os nomes dos generais Ernesto Geisel e Adalberto Pereira dos Santos, respectivamente como presidente e vice-presidente da República. Eleitos, então, em 15 de janeiro de 1974, ambos tomaram posse de seus cargos exatamente dois meses depois.

No início de sua gestão, Geisel propunha ao país o máximo de desenvolvimento possível, com o mínimo de segurança indispensável. Esforçava-se "para o gradual, mas seguro aperfeiçoamento democrático". Queria ampliar "o diálogo honesto e mutuamente respeitoso", além de estimular "maior participação das elites responsáveis e do povo em geral". O presidente Geisel confessava sua vontade de criar "um clima salutar" de harmonia, visando institucionalizar o que chamava de "Revolução de 64". Ele desejava reformas, mas não muito além da imaginação. Acreditava que "pela imaginação política criadora", era possível "instituir, quando for oportuno, salvaguardas eficazes e remédios prontos".

O que significam reformas

A princípio, o governo de Geisel criava a esperança de estabelecerem-se no Brasil as liberdades públicas. Embora lembrasse as graves consequências da crise mundial do petróleo a partir de 1973, prometia combater constantemente a corrupção. O presidente da República, na realidade, ocupava-se com assuntos já mencionados anteriormente.

Tem-se a impressão de que ele procurou animar os partidos políticos, ao menos se levando em conta suas palavras. Falava em "estilo de vida democrático",

Fonte: Agência Estado

Ernesto Geisel

colocando os partidos políticos "como veículos exclusivos de participação do povo" no poder público. O tal de "estilo de vida democrático" permitia a dupla proteção de "todas as categorias da população", por meio da legislação do trabalho e da legislação da previdência e assistência social. Talvez Geisel entendesse que a proteção da população brasileira corria por conta da Justiça do Trabalho e do Instituto Nacional de Previdência Social (INPS), e de outros órgãos semelhantes, o que não deixa de ser uma demonstração de boa fé.

Desde 1974, já não se podia gabar os sucessos do "milagre econômico". As dificuldades enfrentadas no campo da economia exigiam um outro tema, capaz de chamar atenção das pessoas. Esta busca de novo apoio político e social, tão necessário para a estabilidade do poder, levou o governo de Geisel a divulgar a teoria da "distensão". Tal teoria tinha a finalidade de diminuir a pressão exercida sobre a sociedade brasileira. Mesmo com forte controle, se alargava o espaço de participação, criando meios de integrar certos setores da oposição, no interior da vida política.

O governo de Geisel pretendia substituir aos poucos os instrumentos mais evidentes de repressão, cujo símbolo era o Ato Institucional n. 5. O importante, portanto, era mudar a imagem, mantendo-se o essencial. Mas, como todos os outros presidentes da República oriundos do Movimento de 1964, Geisel igualmente destacava o valor do desenvolvimento. Referia-se a um "projeto nacional de grandeza para a pátria, alicerçado no binômio indissolúvel do desenvolvimento e da segurança". Nesta linha de pensamento, Geisel continuou com a repressão, apresentando-a sob a forma de "combate perseverante, rigoroso, mas sem excessos condenáveis, duro porém sem violências inúteis".

Para o presidente da República, a "distensão", entendida como diminuição de pressão, seria feita em várias etapas, tais como a suspensão parcial da censura prévia, o estabelecimento de limites para o exercício dos direitos humanos, reformas eleitorais para melhorar o nível de representação política. A "distensão" estaria completa quando se revogasse o Ato Institucional n. 5, integrando-se na Emenda n. 1 (tida como Constituição de 1969) outros instrumentos de controle político. A "distensão" significava, em última análise, institucionalizar os princípios de segurança nacional e do desenvolvimentismo, disfarçando-os em princípios constitucionais.

Aí está o que o presidente Geisel intitulou de "democracia relativa" ou "democracia forte", sem dúvida produtos pouco originais para um país cansado de tanta repressão. A oposição ao Movimento de 1964 cresceu com o passar dos anos. A grande maioria dos brasileiros, impedidos pela força, criticava o governo como podia, bastando para isto haver oportunidade. Veja-se o caso do processo eleitoral, mesmo contido e manipulado.

As próprias eleições, onde participaram a Arena e o MDB, demonstram como os opositores permanentes do Movimento de 1964 se tornaram simpáticos para outras pessoas. Aos críticos severos somaram-se os antigos partidários do golpe de Estado de 1964, levados ao descontentamento. Examinem-se as eleições legislativas de 1966 a 1978, por região. Logo se verifica que o pleito eleitoral de 1970, realizado em ambiente de ameaça por causa do Ato Institucional n. 5, apresentou a maior percentagem de votos em branco e nulos, no conjunto de todas as regiões.

Constata-se, em seguida, o crescimento da oposição aos governos, através das eleições. No Norte, a Arena caiu de 60% dos votos (em 1966) para 44,1% (em 1978), enquanto o MDB, como oposição tolerada, subiu de 18,8% (em 1966) para 30,4% dos votos (em 1978). Tal situação ocorreu também nas demais regiões. No Centro-Oeste, por exemplo, a Arena despencou de 54% dos votos (em 1966) para 46,2% (em 1978), enquanto o MDB avançou de 27,6% (em 1966) para 34,2% dos votos (em 1978). No Sul, a Arena partiu com 55% dos votos (em 1966), descendo para 43% (em 1978), ao passo que o MDB se elevou de 30,2% (em 1966) para 40,8% dos votos (em 1978).

O Movimento de 1964 expulsou da vida política os grupos mais atuantes de esquerdistas e de nacionalistas, ligando fortemente o poder estatal com as forças econômicas dominantes. Aplicou duras medidas anti-inflacionárias e aumentou as relações do Brasil com o capitalismo internacional. O Estado autoritário surgido em 1964 controlou os brasileiros. Por sinal não permitiu ou suspeitou das reivindicações vindas da população, caso não fossem sugeridas pelo próprio governo. Deu glórias à modernização, à taxa de crescimento, ao tecnicismo e às demonstrações de eficiência. Mas o povo brasileiro transformou-se em algo a ser visto apenas dos palanques e a ser comunicado das últimas decisões governamentais. Distanciado da massa popular, o Estado autoritário jogou com os partidos: a Arena servia para indicar o candidato a ser eleito; o MDB fazia o papel de oposição ao bem-aventurado candidato. Mesmo levando-se em conta o crescimento eleitoral do MDB, na realidade ambos os partidos não constituíam veículo para conduzir ao poder político. Este poder se exerce por militares e por tecnocratas, em nome da burguesia do monopólio econômico. As ideias expostas pelo Movimento de 1964 nem sequer vinham bem determinadas, embora as palavras em geral se repetissem.

As reformas de Geisel visavam principalmente à conservação do poder, e não a sua transferência para outros grupos, até popularmente mais representativos. As providências tomadas por ele retratam um pouco da vida do país. No dia de sua posse, em 15 de março de 1974, a imprensa ainda sofria as restrições da censura, ao noticiar o próprio acontecimento. Ele tentava reformar para ficar governando. As eleições mostravam o contrário: a necessidade de mudanças reais, que eram adiadas a cada hora. Os resultados do pleito de 1974 davam expressiva vitória ao MDB, que pela primeira vez possuía maior percentagem do eleitorado em eleições para o Senado federal.

Muitos setores da oposição vieram a dar apoio eleitoral ao MDB, partido oposicionista oficializado, utilizando-o como depositário dos votos de protesto. Assim, a campanha pela anulação dos votos, tão vigorosa em 1970, perdia aos poucos a sua significação. O tema principal da campanha do MDB consistiu na luta pela volta ao Estado de Direito e às garantias constitucionais. O governo de Geisel parece ter pesquisado, com a finalidade de descobrir quais os instrumentos que favoreceram o sucesso do MDB em 1974.

Ora, os principais jornais brasileiros da época apresentavam tiragem diária por volta de 300 mil exemplares, alcançando perto de 20 milhões de pessoas. O rádio envolvia 85 milhões de pessoas e a televisão se aproximava de 45 milhões de pessoas. Portanto, os meios de comunicação, como o rádio e a televisão, chegavam mais diretamente ao povo. Se não fossem controlados o rádio e a televisão, a oposição poderia vencer nos municípios, no Congresso Nacional e em várias assembleias estaduais, quando do pleito de 1978.

Quatro meses antes das eleições municipais de 1976, o presidente da República baixou o Decreto-lei n. 6.639, inspirado pelo ministro da Justiça, Armando Falcão.

Era a "Lei Falcão", em homenagem ao famoso ministro, pela qual os partidos políticos só exporiam, no rádio e na televisão, sua denominação, o número e o currículo dos candidatos, com uma fotografia em se tratando da televisão. Está claro que a imaginação política, nas eleições municipais de 1976, reservou melancólico espetáculo para o rádio e para a televisão. No entanto, mesmo com tais artifícios, a Arena teve apertada vitória, conseguindo 35% dos votos contra 30% para o MDB, nos municípios.

O barco da "distensão" vagava pelos mares, como um navio fantasma. Subitamente, houve reviravolta na teoria da "distensão" e esqueceu-se de diminuir a pressão política sobre a sociedade. Em agosto de 1975, o general Geisel anunciava que o governo não limitaria seus poderes. O presidente da República chamava de "indisfarçável saudosismo" os pedidos de extinção do Ato Institucional n. 5 e do Decreto-lei n. 477, que estabelecia o controle das instituições educacionais. Declarava ainda o Chefe de Estado que ele era contra a anistia ampla. E mais: apontava a existência de infiltração comunista na imprensa, em sindicatos, na administração pública e nos partidos políticos.

Geisel deu novo conceito de "distensão", definindo-a como desenvolvimento integral e humanístico. Mudava o pensamento presidencial, e as garantias pessoais enfraqueciam-se. Em outubro de 1975, aconteceu uma onda de prisões em São Paulo, culminando com a morte do jornalista preso, Wladimir Herzog. Outra morte do metalúrgico preso, Manuel Fiel Filho, tempos depois, levou o presidente Geisel a afastar o comandante do II Exército, com sede em São Paulo. Embora defendendo reformas, o governo não aceitava pressões. Quando elas existiam, em vez de buscar outras soluções, apelava permanentemente para a repressão.

O "pacote de abril"

Alegando que o partido oposicionista não concordara, ao longo do mês de março de 1977, com o projeto de reforma do Poder Judiciário, proposto pelo Poder Executivo, Geisel fechou o Congresso Nacional. Editou então o "pacote de abril", tudo com base no Ato Institucional n. 5. Como o partido do governo, a Arena, não conseguia aprovar sozinha a reforma do Poder Judiciário, em lugar de negociações, o general Geisel silenciou o Congresso Nacional. As mudanças no Poder Judiciário concentravam-se em dois temas: em primeiro lugar, surgia um novo órgão, o Conselho da Magistratura, capaz de disciplinar a atuação dos juízes; em segundo lugar, os policiais militares passavam a ser julgados por tribunais militares, compostos pela própria polícia militar, excluindo-se, então, os tribunais civis.

Do "pacote de abril", embutido na Emenda Constitucional n. 8, baixada pelo presidente Geisel por ocasião do fechamento do Congresso Nacional, chamam a atenção as reformas eleitorais nele contidas. De acordo com o "pacote de abril", as eleições indiretas dos governadores de estados tornavam-se permanentes. Ao mesmo tempo, o número de cadeiras de cada estado na Câmara dos Deputados passava a ser proporcional à sua população total, e não mais à quantidade de eleitores. Crescia, portanto, a representação de deputados dos estados do Norte e do Nordeste, onde a Arena levava vantagem sobre o MDB.

Quanto ao Senado federal, o "pacote de abril" introduziu aquilo que se rotulou de "senadores biônicos". Este tipo de senador não seria eleito por voto popular, ocupando um terço das vagas do Senado. Assim, dois terços dos senadores acabariam escolhidos por eleição direta, enquanto os demais viriam da eleição indireta. A cada oito anos, um dos senadores seria indicado por Colégio Eleitoral, de forma bastante artificial. Se o candidato já era escolhido pela maioria do Colégio Eleitoral, a cerimônia da eleição se transformava em mera encenação. Alterou-se também a maneira de apontar o presidente da República.

A fim de diminuir a influência das assembleias estaduais no Colégio Eleitoral, reduziu-se o número de seus delegados. Na escolha dos novos ocupantes da presidência e da vice-presidência da República, os representantes das assembleias estaduais apareciam em menor quantidade no Colégio Eleitoral. Tais representantes expressavam agora a proporção de um para cada milhão, quando antes era um para cada meio milhão. Além do mais, o mandato do presidente da República passava de cinco para seis anos de duração.

Modificou-se igualmente o procedimento para encaminhar e aprovar emendas constitucionais, ampliando o campo de manobras do governo. Se antes uma emenda constitucional podia ser apresentada com a assinatura de um terço de deputados ou de senadores, o "pacote de abril" exigia agora a assinatura de um terço de deputados e de senadores. De outra parte, as emendas constitucionais seriam aprovadas pela maioria de um, deixando de ser aprovada pela maioria de dois terços nas sessões conjuntas de deputados e de senadores, como ocorria anteriormente. Por fim, o "pacote de abril" aplicava as limitações decorrentes da "Lei Falcão" a todas as eleições.

As deliberações tomadas pelo general Geisel, quando ele havia fechado o Congresso Nacional, bem esclarecem o crescimento das pressões contra o MDB. Ficava este partido muito tolhido em suas atividades. O MDB debatia-se com a impossibilidade de apresentar emendas constitucionais, porque os "senadores biônicos" dificultavam a formação de um terço das assinaturas exigidas. Nas campanhas eleitorais, a oposição parlamentar não podia debater e criticar as medidas governamentais por causa da "Lei Falcão".

As eleições de 1978 evidenciaram as deturpações provocadas pelo "pacote de abril", e também o predomínio cada vez maior do MDB nos estados do Sul e do Centro-Sul. O partido do governo, a Arena, continuou controlando os estados do Norte e do Nordeste, marcados, sobretudo, pela miséria e pelo mandonismo local. Juntando-se todas as barreiras construídas pelo presidente Geisel, é certo que o MDB alargou sua influência, mesmo desfigurada pelas regras eleitorais.

Na Câmara dos Deputados, a Arena alcançou 50,4% de votos, ficando o MDB pouco abaixo, com 49,5%. Pelas normas do "pacote de abril", esta pequena diferença de percentagem apareceu como muito maior. A Arena ficou com 231 deputados, ao passo que o MDB se limitou a apenas 189. No Senado federal, o MDB atingiu 56,9% dos votos. Pelas normas do "pacote de abril", porém, o MDB teve unicamente nove senadores, cabendo à Arena outros 36. Esse total de 36 senadores governistas decorre do fato de 21 deles serem "biônicos", ou seja, eleitos indiretamente sem voto popular. Com relação aos deputados estaduais, a Arena chegou a 492, atingindo o MDB a soma de 353 representantes nos estados, o que por sinal significou expressivo crescimento.

O presidente Geisel no próprio ano de 1978 destacava a importância de seu "projeto de reformas". Embora o partido de oposição, MDB, tenha assumido papel fundamental nas decisões políticas, o governo federal preocupava-se em controlar o poder e desfilar com nova aparência. De um lado, o fechamento temporário do Congresso Nacional e as determinações do "pacote de abril". De outro lado, as palavras do general Geisel relativas a seu "projeto de reformas". Para ele, a "Revolução continuará", mas ela "não se caracteriza pelas medidas de repressão". Chama de "nossa Revolução" a "extraordinária obra que se realizou neste país desde 1964".

Como ficaram as reformas

O presidente Geisel ia adiante nas propostas reformistas. Elas queriam dizer que seria garantida a inviolabilidade dos membros do Poder Legislativo. Significavam também outras normas para a organização e o funcionamento dos partidos, permitindo ainda a criação de mais alguns deles. O general Geisel, no entanto, achava inconveniente o aparecimento de muitos partidos pequenos, que ele denominava de "inexpressivos". Esta sua opinião bem comprova a preocupação em dar a palavra unicamente a quem possuísse grande "cacife eleitoral", tendo então clientela bem cuidada e discurso demasiadamente conhecido. Carece dizer que o presidente da República preferia deparar-se com novos partidos, dirigidos por velhos e usadíssimos líderes políticos.

Quanto aos partidos, está claro o impedimento à ampla liberdade de organização, pois repeliam-se os chamados "partidos pequenos", independentemente da importância da corrente política, representada por eles. Mas a "condição essencial", no entender do presidente Geisel, era estabelecer "medidas que assegurem ao Estado condições para a sua defesa e a da sociedade". Assim, transido pela repressão, o povo brasileiro assistia as "reformas" presidenciais. Tais "reformas" culminavam com a dita "abertura política", bem oportuna para os principiantes que nela acreditavam. Afinal, quem acha que o passado apenas está passando, mas não passou ainda, não pode crer nela com sinceridade. As reformas da abertura política são a alegria dos principiantes e o alívio para os participantes da vida política, quando os princípios mudam a cada minuto.

O general Geisel, preocupado com a defesa do Estado e da sociedade através de suas "reformas", doou aos brasileiros uma dose tripla de segurança, fazendo nascer o estado de sítio, as medidas de emergência e finalmente, o estado de emergência. De tanto proteger o Estado e a sociedade, o presidente da República criou para si e para seus sucessores estas medidas capazes de sufocar a população brasileira, como acontecia com o Ato Institucional n. 5. Utilizando-se da conhecida noção de Segurança Nacional, o chefe de Estado continuou espalhando insegurança às pessoas, com exceção naturalmente dos afilhados do poder.

Passeando entre o inquestionável exercício do poder e os perfumes da abertura política para principiantes, a administração de Geisel cassou os mandatos políticos de um senador, de sete deputados federais, de dois deputados estaduais e de dois vereadores, além de ter fechado o Congresso Nacional em 1977. Se é mais fácil andar sobre o fio da navalha do que alcançar a salvação da alma, a abertura política de Geisel mostra quão duro é o caminho para alcançar as liberdades públicas no Brasil.

O herdeiro e as desilusões na economia brasileira

Em julho de 1977, o ex-assessor de imprensa do governo de Geisel declarou-se favorável à indicação do chefe do Serviço Nacional de Informação (SNI), general João Baptista Figueiredo, para a sucessão presidencial. Eis aí o herdeiro de Geisel. Eis aí como se faz um presidente da República do Brasil.

A disputa antecipada pelo cargo de presidente da República irritou os partidários de outra candidatura militar. O candidato alternativo ao general João Baptista Figueiredo era o general Sylvio Frota, então ministro do Exército. Um valioso cronista dos acontecimentos do Palácio do Planalto, em Brasília, informa que a escolha do próprio general Frota para o cargo de ministro de Exército resultara de um descuido dos donos do poder. Informa ainda que o afastamento deste general era necessário, retirando do caminho um grande obstáculo, pois ele poderia usar a linguagem da força bruta. E, quando se manifestou a rebeldia dos membros da Arena, simpáticos ao general Frota, este foi demitido pelo presidente Geisel, em outubro de 1977.

Fora do ministério e do processo sucessório, o general Frota acusou o governo de combater, sem eficácia, a corrupção e a subversão da ordem. Dias depois, o general Geisel lançava o discutível conceito de "democracia relativa". Esta "democracia", salvo melhor entendimento, parecia significar: democracia sim, mas não muito, desconhecendo maior profundidade do problema e esquecendo-se dos seculares ensinamentos de pensadores sérios sobre o assunto. Tem-se notícia de que o presidente da República havia comunicado ao general Figueiredo a sua escolha, em 30 de dezembro de 1977, transformando-o em herdeiro político. Apesar disto, somente em 5 de janeiro de 1978 Geisel fez a indicação oficial à Comissão Executiva da Arena, que tomava assim conhecimento público da chapa a ser apoiada.

Tendências da economia

A Arena teve de conformar-se com a vontade presidencial, lançando o general João Baptista Figueiredo para presidente e Aureliano Chaves (governador indireto de Minas Gerais) para vice-presidente da República.

A sucessão andava com certa tranquilidade, mas a economia brasileira dava escorregões. O presidente Geisel prosseguia com a mesma política econômica, acompanhando o governo de Garrastazu Médici. Referia-se ao que denominava de "desenvolvimento integrado", pois deveria ocorrer desenvolvimento econômico juntamente com o desenvolvimento social e político. Quanto ao desenvolvimento social, queria "melhorar as condições de vida de nossa população". Para tanto, a administração de Geisel instituiu o Conselho de Desenvolvimento Social e ainda o Ministério da Previdência e Assistência Social, reorganizando ao mesmo tempo o Ministério do Trabalho.

No primeiro ano do governo de Geisel, em 1974, divulgou-se o II Plano Nacional de Desenvolvimento (PND), que cobria o período entre 1975 e 1979. O referido Plano dizia que o "modelo" econômico e social dirigia-se "para o homem brasileiro", levando em consideração "os destinos humanos da sociedade que desejamos construir". Este documento previa que, ao final da década de 1970, o Brasil teria pela frente duas realidades principais: "a consciência de potência emergente e as repercussões do atual quadro internacional". Outra vez, falava-se em manter o crescimento acelerado. Outra vez, buscavam-se o aumento de oportunidades de emprego, o controle gradativo da inflação, o relativo equilíbrio do balanço de pagamentos, a melhoria da distribuição de renda e a conservação da estabilidade social e política.

Entre os projetos da administração de Geisel, incluía-se igualmente a pretensão de evitar dano na "qualidade da vida" e nos recursos naturais do País. Em relação aos salários dos trabalhadores, de novo se propunha sua elevação com base na produtividade. Mas o II Plano Nacional de Desenvolvimento (PND) trazia um assunto esquisito, ao mencionar os "focos de pobreza absoluta existentes, principalmente na região semiárida do Nordeste e na periferia dos grandes centros urbanos". Afinal de contas, depois de tão festejados sucessos registrados nos documentos oficiais e nos veículos de comunicação de massa, depois de louvar o "Brasil como potência emergente", alega-se a presença de "focos de pobreza absoluta", transcorridos mais de dez anos do Movimento de 1964.

Com todas essas palavras, discursos e planos, a economia brasileira transpirava desesperança. Além das dificuldades das empresas pequenas e médias, principalmente nacionais, não aconteceu a tão prometida distribuição da renda. Ao contrário, a renda se concentrou mais com o passar do tempo. A participação na renda, dos 50% mais pobres da população economicamente ativa, caiu de 17,71% (em 1960) para 14,91% (em 1970), descendo ainda mais para 11,8% (em 1976), já em pleno governo de Geisel. Em sentido contrário, a participação dos 5% mais ricos da população economicamente ativa aumentou de 27,69% (em 1960) para 34,86% (em 1970), elevando-se aos poucos para 39% (em 1976) da renda.

E mais: se a renda tendia a concentrar-se a cada ano nas mãos dos 5% mais ricos da população economicamente ativa, não se podia utilizar a produtividade como justificativa. Os ricos ficavam mais ricos, enquanto os pobres ficavam mais pobres. Os assalariados aumentavam a produtividade. O Brasil, a Índia e o México atingiram, em 1978, mais de 47% da produção industrial dos países novos, com o Brasil ocupando o primeiro lugar, representando 22% daquele total. Com tudo isso, a renda não cresceu para a maioria da população.

As condições sociais pioraram: apenas como esclarecimento, observe-se o total de disputas por terras em alguns anos. Em 1971, houve 37 conflitos com doze mortos. Ao longo de 1975, registraram-se 127 conflitos com 19 mortes. Durante o ano de 1976, a administração de Geisel assistiu a outros 126 conflitos, agora com 31 mortos. Em lugar, pois, das anunciadas transformações sociais, ocorreram disputas por terras e o aumento de imóveis rurais pertencentes a empresas estrangeiras. No período de 1972 a 1976, as propriedades rurais de empresas internacionais elevaram-se em 29,2%, em todo o Brasil. Comprimindo salários e contemplando o crescimento dos conflitos por terras, o Movimento de 1964 dizia estar desenvolvendo o Brasil. Mas o Movimento de 1964 desenvolvia o Brasil, abrindo-o aos monopólios internacionais. Isto quer dizer que as necessidades da população brasileira se colocavam em segundo lugar, ficando em primeiro lugar os interesses do mercado externo, dominado por estrangeiros.

O presidente Geisel pensava em transformar o Brasil em potência mundial, "de primeira grandeza", como afirmava um de seus assessores. Então, restabeleceu relações diplomáticas com a China Comunista. Negociou o Acordo Nuclear com a República da Alemanha Ocidental, de início em caráter secreto. Reconheceu oficialmente os governos socialistas da Guiné-Bissau, de Moçambique e de Angola. O general Geisel, sonhando com o "Brasil como potência emergente", ao mesmo tempo se chocava com as desumanas condições de vida dos brasileiros. A oposição partidária, por meio do MDB, somava-se à oposição realizada pela Igreja Católica, pela Ordem dos Advogados do Brasil (OAB) e pela Associação Brasileira de Imprensa (ABI), dentre outras entidades sociais.

A oposição institucional

A Igreja Católica expressava-se pela ação da Conferência Nacional dos Bispos do Brasil (CNBB), uma organização voltada para modificações em aspectos sociais e políticos dos habitantes do País. A presença da Igreja Católica, sobretudo de seus representantes mais esclarecidos, é retratada como "voz dos que não têm voz". Tal presença é marcante em ocasiões de forte tensão e repressão política, combatendo a violência e a tortura, em particular no Brasil de 1975 e de 1976. Por incrível que pareça, era o Brasil de Geisel, responsável pela abertura política.

A Ordem dos Advogados do Brasil (OAB) inicialmente dedicou-se a defender presos políticos e a denunciar prisões ilegais, com ou sem tortura. Em 1974, a V Conferência Nacional da Ordem dos Advogados do Brasil colocou, entre suas prioridades, a defesa dos direitos humanos. Em 1978, a Ordem dos Advogados do Brasil publicou a Declaração dos Advogados, que relacionava suas exigências para a mudança da organização jurídica e política do Brasil. De seu lado, a Associação Brasileira de Imprensa (ABI), em especial desde 1969, atacou cada vez com maior vigor os controles à manifestação da opinião. Nesta linha de atividades da Associação Brasileira de Imprensa (ABI), o presidente Geisel acabou por eliminar a censura direta à dita grande imprensa, no ano de 1975. Mas a chamada pequena imprensa, mais agressiva e autêntica, somente em 1978 deixou de sofrer censura prévia.

Ao fim de seu governo, o general Geisel tinha proclamado o seu herdeiro para a presidência da República, general João Baptista Figueiredo. As pessoas tinham conquistado o direito de *habeas corpus* para o que se considerava crime político. Conquistaram ainda o direito elementar de não ser preso, sem acusação ou ordem judicial. Os juízes conquistaram o direito de julgar, sem passar por maiores pressões. A crise econômica, porém, principiava o seu galope em direção ao infinito, para a tristeza dos trabalhadores brasileiros.

5

João Baptista Figueiredo: da força da democracia à democracia da força

A democracia decretada

As regras para a eleição do presidente e do vice-presidente da República, bem como da formação do Colégio Eleitoral, foram estabelecidas pelo artigo 74 da Emenda n. 1, que dizem ser a Constituição de 1969. Em 1973, a Lei complementar n. 15 regulamentou essa estranha eleição indireta. O general Geisel foi o primeiro presidente escolhido por meio de tal legislação, no ano de 1974. Embora sua vitória já estivesse antecipadamente garantida, o processo eleitoral se diferenciava dos anteriores, porque existia um concorrente oposicionista.

Candidatos de oposição

Em 1974, mesmo com um Colégio Eleitoral previamente montado pelo governo para escolher Geisel, o partido da oposição, o MDB, acabou lançando uma candidatura simbólica. Ulysses Guimarães, presidente do partido, surge como candidato presidencial, visando principalmente demonstrar a farsa da eleição. A campanha simbólica do MDB buscava comprovar a distância entre a linguagem do governo de Médici e a realidade imposta ao país. Falava-se em democracia, porém praticava-se a indicação presidencial, sem consultar o povo. A campanha de Ulysses Guimarães destinava-se, acima de tudo, a destruir o ambiente de medo coletivo, enraizado no interior das pessoas. Daí, o lema de resistência da campanha oposicionista: "Navegar é preciso; viver não é preciso".

Por ocasião da campanha de 1978, novamente o partido da oposição, o MDB, apontou um candidato à sucessão de Geisel. Para concorrer com o general João Baptista Figueiredo, herdeiro do então presidente da República, lançou-se o nome do general Euler Bentes Monteiro, tido como liberal e nacionalista. A apresentação desta candidatura, para opor-se à candidatura oficial de Figueiredo, revelava presença de conflitos entre os militares, obrigando muitos deles a caminhar para o lado da oposição. O antigo servidor das Forças Armadas, general Bentes Monteiro, naquele momento transformado opositor ao governo, não expunha ideias de forma muito claras. Tal tivesse necessidade de pensar melhor.

O general Euler Bentes Monteiro, representando a oposição consentida, tinha como objetivo "conduzir o Brasil a um estado de direito democrático", o que seria feito "através de um governo de transição". Achava razoável um período de governo "em torno de três anos", para chegar-se à democracia. Em relação à mudança da dita Constituição de 1969, o candidato oposicionista, Bentes Monteiro, acreditava ser "necessário um certo espaço de tempo, a partir da posse do novo governo a 15 de março de 1979, até a realização da Assembleia Nacional Constituinte". Ele não deixava por menos: a Constituinte deveria "esperar um ano, no mínimo". Seu pensamento, às vezes, ingressava no reino da confusão. Discorrendo sobre a figura do presidente democrático, o candidato oposicionista admitia a possibilidade de que tal presidente "paradoxalmente, tenha que se transformar num presidente repressivo, porque os conflitos que estão atualmente reprimidos podem aflorar de forma violenta".

A posse de Figueiredo

Na realidade, no dia 15 de março de 1979, escolhido por Colégio Eleitoral bem dócil à vontade de

Geisel, o general João Baptista Figueiredo substituiu-o no cargo de presidente da República, como candidato vitorioso. O novo presidente atribuía o exercício de seu mandato à continuidade do processo iniciado em 1964. Instituiu-se, portanto, ao longo dos anos, uma tal eleição indireta onde jamais qualquer oposição pode ter êxito, independentemente de sua seriedade e de sua honradez.

Na época em que foi apresentado ao país, irrompendo no cenário político e perante os olhos da população de quem era quase desconhecido, João Baptista Figueiredo avançou com ideias e mostrou-se destemido. Retomava o costume de colocar um civil como vice-presidente, que no caso era Aureliano Chaves, conforme já acontecera nos governos de Castelo Branco e de Costa e Silva. Antes de tomar posse na presidência, o general Figueiredo revelava que, na questão partidária, "o ideal seria sentirmos as tendências da população, as reais aspirações do povo, e ir de encontro a elas", reconhecendo "que não é fácil fazer isso". Entendia que a vitória da Arena nas eleições de 1978 criaria condições para a "abertura política". Caso o MDB vencesse em tais eleições, a "abertura" ficaria mais difícil, pois "quanto mais efervescência, menos distensão".

O candidato aceitava, no mínimo, que a oposição partidária, representada pelo MDB, atrapalhava o processo de melhoria da situação política. Talvez facilitasse, segundo Figueiredo, a ausência de oposição, porque não há o peso da crítica. Mas nem tanto, o futuro presidente não via como evitá-la. Apontava a dificuldade de conviver-se com a oposição, pois ela nega tudo: "Você fala em abertura, em democracia, eles simplesmente não acreditam que estamos falando sério". Suas propostas apresentavam pouca clareza, como, por exemplo, no caso das alterações a serem concretizadas. Iniciaria seu governo com poucas concessões, pois "concessão gera concessão". Note-se, portanto, que o candidato oficial desejava alcançar a confiança do povo, mas "com poucas concessões, de início", até penetrar no reino da democracia.

O pensamento do general João Baptista Figueiredo não trazia nada de original, quando se comparava com o palavrório de seus antecessores. Seus conceitos faziam parte da vida doméstica do brasileiro, tamanho o número de vezes exposto a ele. Assim, renovava exaustivamente a opinião contrária à atividade político-partidária dentro dos sindicatos, por entender que isto acabaria "desviando os trabalhadores das suas próprias reivindicações". Trazia às vezes raciocínios estranhos. Veja-se o que esperava da Igreja Católica: ela deveria voltar-se para assuntos espirituais, sem exagerar "na função social". E então argumentava: "A Igreja produziu recentemente um documento sobre Segurança Nacional. Partindo dessa constatação, eu poderia achar natural que o Alto Comando se reunisse e produzisse um documento sobre Teologia". Com certeza, o herdeiro de Geisel queria cada coisa em seu lugar, a partir da sua visão, desprezando a visão da sociedade.

Enfim, havia outras posições do candidato oficial da Arena. Referindo-se ao direito de greve, colocava-o como justo, se ela fosse causada por "reivindicação dos operários, esgotados os caminhos legais". Ora, a legislação trabalhista raramente permitia início de greve, o que legalmente a impede na maioria das oportunidades. Merece destaque sua noção de liberdade que, para Figueiredo, "só pode ser exercida se a segurança está mantida". Daí para frente caía-se no dilema: a segurança da liberdade, ou liberdade da segurança. Declarava-se contrário à liberdade partidária: "Não aceito que um partido possa ser contra a Revolução, que deve pairar acima dos partidos, como ideia e inspiração maior". Acima da vontade do povo, acima das correntes partidárias, acima do governo do povo, repousava a "Revolução". Tal era a crença do candidato da abertura para principiantes no exame da política brasileira.

Vitorioso, o general João Baptista Figueiredo assumia a presidência da República em 15 de março de 1979, proferindo discurso onde reafirma suas promessas de quando era candidato. Confirma, neste discurso de posse, que vai "assegurar uma sociedade livre e democrática", que vai "fazer deste país uma democracia", que vai manter "a mão estendida em conciliação". As promessas continuam sendo reafirmadas: o general Figueiredo garante que "o combate à inflação é condição preliminar do desenvolvimento", que vai "promover o equilíbrio de nossas contas internacionais", e também que dará "a cada trabalhador a remuneração justa em relação ao trabalho produzido, às suas necessidades como chefe de família e à harmonia entre os vários segmentos da sociedade". Ninguém pode dizer que o presidente Figueiredo não caprichou em seus compromissos com a população.

Mais uma vez, a realidade brasileira caminhava na pista contrária, em sentido contrário, ouvindo este rol de princípios, aliás, bem conhecido dos habitantes do Brasil. Em geral, as reformas políticas surgidas no curso do governo de Figueiredo tiveram sempre caráter limitado, não correspondendo às exigências da maioria da população. No caso da anistia política, cuja lei foi promulgada em 1979, tal fato ficou evidente pelas restrições que apresentou. Figurando como um acordo entre as solicitações da oposição e os interesses dos militares, a Lei de Anistia não respondeu às reivindicações, existentes desde 1964, para que atingisse todos os punidos.

As reformas de Figueiredo

A anistia de 1979 não foi concedida a quem participou da luta armada, tendo praticado "crimes de sangue". Ela igualmente não libertou de imediato presos políticos que tentaram reorganizar o partido ilegal, de acordo com a Lei de Segurança Nacional. Os militares punidos por motivos políticos não puderam reassumir seus cargos, embora lhes fosse concedida aposentadoria, com pagamento integral. Os funcionários públicos de natureza civil geralmente só retomaram seus cargos depois de terem suas situações analisadas por comissão especial. A Lei de Anistia permitiu a volta dos exilados ao Brasil, devolvendo-lhes os direitos políticos, o que mais tarde lhes deu condições de lançarem-se candidatos.

De outra parte, esta anistia política acabou por atingir até mesmo os responsáveis por abusos praticados contra pessoas, incluindo quem praticou tortura, em nome da segurança do Estado. Anistiavam-se a repressão política e também os condenados do passado. Não se anistiavam os processados no momento por suposto crime político. Em 1984, passados cinco anos da Lei da Anistia, 11.434 pessoas esperam seus benefícios. Destes 11.434, 4.730 são civis e 6.704 são militares. Cumpre notar que, com a anistia do presidente João Baptista Figueiredo, não se resolveu o problema dos tão noticiados mortos e desaparecidos políticos.

De acordo com o livro *Direito à memória e à verdade (Comissão Especial sobre Mortos e Desaparecidos Políticos)*, publicado pela Secretaria Especial dos Direitos Humanos da Presidência da República em 2007, registrava-se um total de 419 mortos e desaparecidos políticos.

Destes 419, de 1964 a 1968 descobriram-se 39, e a partir de 1968 revelaram-se mais 380 mortos e desaparecidos políticos. Só em São Paulo, por exemplo, calcula-se que foram detidas no DOI-CODI (Destacamento de Operações de Informações/Centro de Operações de Defesa Interna) 2.600 pessoas, das quais 79 morreram.

Movimento pela Anistia

O governo de Figueiredo abriu possibilidade de outra reforma, a dos partidos políticos, mas sempre limitando o seu campo ao evitar certas correntes de opinião. Assim, se estreitavam a anistia pela Lei n. 6.683 e pelo Decreto-lei n. 84.143, ambos de 1979. Em igual sentido, encurtava-se o espaço dos partidos políticos, pela Lei n. 6.767, ainda de 1979. Tal lei, destinada a dar organização aos partidos, extinguia o MDB e a Arena, criados pelo Ato Institucional n. 2, de 1965. A chamada reforma partidária trouxe como inovação a exigência de colocar-se a palavra "partido" em qualquer título de agremiação. Continha muitas exigências para chegar-se ao registro do partido político. Obrigava as novas associações políticas a realizar convenções regionais e municipais, valorizando as pequenas cidades onde o governo federal mantinha maior controle da clientela votante.

A maratona burocrática para formar-se um partido político requeria ânimo e dinheiro. Depois de registrado provisoriamente, o partido deveria conseguir 5% dos votos em eleições para deputados federais e senadores, com pelo menos 3% em cada um de nove estados. Se tal não ocorresse, perderia simplesmente a sua representação, transformando eventuais votos de candidatos eleitos em votos nulos. Proibiam-se partidos, quando se fundamentassem em fé religiosa, racismo ou sentimentos de classe social. Proibiam-se, ainda mais, as alianças entre os partidos nas eleições para deputado federal, para deputado estadual e para vereadores.

Opondo-se à liberdade de organização de todas as correntes políticas, a administração de Figueiredo cuidou de preparar a montagem do Colégio Eleitoral, que elegeria seu sucessor. Para este fim, mantinha-se o controle do Senado por meio dos senadores "biônicos" (escolhidos por eleição indireta, utilizando-se do Colégio Eleitoral). O governo de Figueiredo igualmente tinha seus cuidados de dominar Colégio Eleitoral, injetando força no PDS. Este colégio se compunha de deputados federais, de senadores, de deputados estaduais e vereadores. A vitória do PDS nas eleições de 1982 precisava acontecer em muitos estados e, no mínimo, dentro do Colégio Eleitoral, que viria a apontar indiretamente o novo presidente da República.

A fim de assegurar o sucesso do PDS, o partido oficial, em novembro de 1981 o presidente João Baptista Figueiredo divulgou reformas eleitorais, a serem impostas ao Congresso Nacional, porque este estava sujeito ao artifício do "decurso do prazo". Se o Congresso Nacional não apreciasse as reformas eleitorais dentro do prazo, ficavam automaticamente aprovadas. Além do mais, o PDS levou todos os seus membros a votarem estas reformas, sob pena de perderem o mandato. Afinal, pressionado por todos os lados, o Congresso Nacional concedeu as reformas eleitorais. Construía-se, por meio da coação legal, a democracia, segundo a visão governamental.

As reformas eleitorais de 1981 proibiam alianças para a escolha de candidatos aos governos dos estados; faziam com que o eleitor indicasse nomes de um mesmo partido: de vereador, prefeito, deputado estadual *até* governador, deputado federal e senador. Aí e neste "voto vinculado", um exemplo da criatividade do general Figueiredo, visando a ofertar a democracia ao povo brasileiro. Outra reforma eleitoral consistia em somente permitir a renúncia de qualquer candidato, caso o seu partido também abandonasse as eleições.

O governo de Figueiredo tomou outras providências, sempre tendo em vista as eleições de novembro de 1982. Neste sentido, meses antes de realizá-las, transformou a exigência de maioria simples em maioria de dois terços do Congresso Nacional, para aprovar-se emenda constitucional. Agora, o "pacote de abril" de 1977 tinha de ser alterado, porque a maioria simples estabelecida por ele criava facilidade aos demais parti-

Fonte: Agência Estado

João Baptista Figueiredo

dos de oposição. De fato, com maioria simples os oposicionistas tinham condições de mudar as regras do jogo eleitoral. A maioria de dois terços do Congresso Nacional constituía-lhes pedras no caminho, evitando qualquer alteração na forma de fazer as eleições.

As eleições de 1982 proclamaram a vitória do partido governista, PDS, em apenas doze Estados, onde seus candidatos a governadores tiveram mais votos. O novo retrato político do País aparecia com a escolha de dez governadores de Estados, pertencentes a partidos da oposição. O quadro político se transformara, com nove governadores eleitos pelo PMDB e um outro governador eleito pelo PDT. Enquanto os governadores surgidos do PDS, em conjunto, alcançaram 7.807.696 votos, controlando 23,90% do Produto Interno Bruto, os oposicionistas iam muito além. Considerando-se apenas os dados relativos aos dez governadores dos partidos da oposição, leve-se em conta que receberam 13.029.332 votos, cobrindo 74,90% do Produto Interno Bruto.

Apesar da ampla vitória eleitoral dos partidos contrários ao governo federal, este manteve a supremacia no Congresso Nacional, principalmente em virtude do "pacote de abril", de 1977. Tal "pacote" deu maior peso à representação do Nordeste, além de fortalecer a presença do PDS com os "senadores biônicos". Mesmo ganhando na votação, a oposição não teve maior número de deputados federais e de senadores. E mais: o Colégio Eleitoral, destinado a eleger o presidente da República, continuava dominado pela vontade do governo de Figueiredo. Aliás, até mesmo a chamada "Lei Falcão", referente ao controle do rádio e da televisão durante o processo eleitoral, perdurou ao longo do tempo. O silêncio, imposto à propaganda política em períodos de eleições, nem sempre foi respeitado, como se pôde verificar no caso dos debates entre candidatos a vários cargos, principalmente na televisão.

Os partidos políticos, nascidos da reforma de 1979, acabaram corporificando-se no Partido Democrático Social (PDS, antiga ARENA), no Partido do Movimento Democrático Brasileiro (PMDB, antigo MDB), no Partido Popular (PP), no Partido Trabalhista Brasileiro (PTB), no Partido Democrático Trabalhista (PDT) e no Partido dos Trabalhadores (PT). Estas agremiações políticas conseguiram cumprir, cada uma à sua maneira, os prazos e as exigências definidas na legislação de 1979. O PMDB colocava-se como o lugar de políticos de "tendência popular" e de tendência liberal-democrática. O PDS reuniu políticos defensores do Movimento de 1964, podendo então jogar fora a antipatia da ARENA e a impopularidade do governo, pois irrompiam com outro título.

O PDT, por seu lado, amparou-se na herança trabalhista de Getúlio Vargas e de João Goulart, acrescida de representantes social-democratas e socialistas. Já o

PTB passou a congregar o populismo de Getúlio Vargas com os discípulos de Jânio Quadros e de Carlos Lacerda. Buscando suas raízes na classe operária, o PT apareceu no âmbito dos movimentos sociais, querendo expressar interesses das maiorias que vivem do seu trabalho e dando valor à mobilização popular. O PP organizou-se em torno de membros conservadores do antigo MDB, que acreditavam na liberalização do país. Em razão das medidas tomadas pelo general Figueiredo em 1981 e em 1982, proibindo coligações partidárias e exigindo o "voto vinculado", o PP acabou por extinguir-se. Em resposta a esta legislação por demais protetora do PDS, o PP votou sua própria dissolução e sua integração no PMBD.

A sucessão de Figueiredo

A sociedade brasileira dirigia sua atenção para o novo presidente da República, substituto do general João Baptista Figueiredo em 15 de março de 1985. A definição do procedimento a ser utilizada para o preenchimento do cargo de presidente decorreu de variadas manipulações políticas. O Congresso Nacional e os setores mais ativos da sociedade contorceram-se por causa da pressão exercida pelo governo federal. Por exemplo: em 19 de outubro de 1983, através do Decreto n. 88.888, o general Figueiredo baixou pela primeira vez medidas de emergência, conforme permitia a Emenda n. 1, tida como Constituição. Tais medidas limitavam-se à região de Brasília (Distrito Federal), tendo a duração de 60 dias. O pretexto para a aplicação das medidas consistia na votação, pelo Congresso Nacional, do Decreto-lei n. 2.045, relativo à política salarial.

Não ficou clara a origem do pedido para o uso deste instrumento de força, atribuladamente acionado pelo comandante militar do Planalto. O certo é que se alegava dar garantias aos membros do Congresso Nacional, a fim de votarem com tranquilidade angélica a nova política salarial, nada favorável aos trabalhadores. Depois de tanta garantia, os congressistas rejeitaram o decreto governamental, assim como já tinham rejeitado anteriormente o Decreto-lei n. 2.024, também referente ao arrocho salarial. Estas medidas de emergência permitiram demonstrações próprias de tiranias, como a interdição da sede da Ordem dos Advogados do Brasil (OAB), em Brasília, além de grave incidente com a imprensa.

As "Diretas Já"

O caso da campanha pelas "Diretas Já!" evidenciou até onde a pressão do governo de Figueiredo pôde chegar. A proposta de realizar-se eleição direta de imediato, para os cargos de presidente e vice-presidente da

República, por meio do voto popular, transformou-se em verdadeiro anseio dos brasileiros. Encerrava-se a dança macabra do Colégio Eleitoral, bastante propício a negociações nem sempre dentro dos limites permitidos pela lei. Em todos os estados do Brasil aclamou-se a eleição direta, por voto popular, visando a conferir legitimidade ao sucessor do general João Baptista Figueiredo. De modo geral, os partidos políticos de oposição estiveram presentes na campanha das "Diretas Já!" embora houvesse quem vacilasse em sua fé na proposta. Afinal, entre cambalhotas mentais, existiram aqueles que acendiam uma vela para as eleições diretas e outra para as eleições indiretas.

De novo, o presidente Figueiredo lança mão da força, na sua caminhada para a democracia. Em 18 de abril de 1984, pelo Decreto n. 89.566, estabelece medidas de emergência, abrangendo a região de Brasília (Distrito Federal) e municípios do estado de Goiás. De novo, o período de vigência das medidas de segurança compreendia sessenta dias, durante os quais o comandante militar do Planalto poderia usá-las. Nos locais atingidos por estas medidas, ficavam proibidas as concentrações públicas, ou reuniões em recintos até mesmo fechados, com participação de entidades ilegais. Determinavam a censura prévia, a "busca e apreensão em domicílio", a "intervenção em entidades representativas de classes ou categorias profissionais". Passava a ser controlada a entrada em Brasília.

Movimento popular pelas eleições diretas

Em 25 de abril de 1984, a grande maioria dos brasileiros foi derrotada. Caía a esperança de milhões, pois a sociedade se ergueu para eleger seus dirigentes. A campanha pelas "Diretas Já!" atravessou fronteiras estaduais e ganhou partidários de condições sociais muito diferentes. A emenda constitucional que previa eleições diretas já para a presidência da República foi rejeitada pela Câmara dos Deputados. Apesar de tal emenda ter recebido maioria de votos a favor dela (298 a 65), faltaram 22 votos para atingir o número de dois terços necessários para mudar a referida Constituição. Por ocasião da votação, 54 membros do partido oficial, PDS, apoiaram a emenda das Diretas Já. Porém, 113 representantes do PDS votaram contra ela, ou ausentaram-se do plenário da Câmara dos Deputados.

Dias depois o presidente Figueiredo dava aos brasileiros a sua explicação, quanto às medidas de emergência. Para ele, estas medidas adotadas antes do dia 25 de abril, quando se votou a emenda das eleições diretas já, visavam a "assegurar o livre exercício das prerrogativas do Congresso Nacional e manter a ordem pública no Distrito Federal". Tratando dos comícios ocorridos na campanha das "Diretas Já!", o presidente deixou claro que garantiu "a livre manifestação de pensamento e convicção política". Figurando como um profeta que trazia em suas mãos as leis da democracia brasileira, o general João Baptista Figueiredo colocava-se na história do Brasil como um governante a ser cultuado pelos bem-aventurados que têm fé. Neste sentido, ressaltava: "Deixei confirmada a declaração por mim feita, perante a nação, em dado momento, de jamais ter havido, neste país, mais liberdade do que a reinante no meu governo".

Justificando as medidas de emergência, Figueiredo continuava aludindo ao "diálogo", à "cooperação", ao "entendimento", ao "congraçamento" e à "conciliação", desejando mostrar sua tolerância, ao propor a redução dos próximos mandatos presidenciais. Ainda em junho de 1984, parte expressiva da população brasileira se manifestava em prol das eleições diretas já, para a indicação da presidência da República. Em nome dos sonhos democráticos, ofertava-se a tal população a eleição indireta, pelo Colégio Eleitoral. Mais uma vez, esperava-se o mal menor.

A oposição conciliadora e a gerência da dívida externa

A vida social no Brasil ganhou, mais ou menos a partir de 1975, à custa de elevado preço, maior liberdade e forte intensidade. Os movimentos de base compõem um retrato bem vigoroso desta realidade. Os movimentos de caráter civil constituem associação de moradores de bairros, sociedades de amigos de bairro, associações de favelados e outras de semelhante natureza. Tais entidades procuram conseguir melhorias nas condições de vida, tendo como meta a concretização de importantes reivindicações. A maioria da população carece de habitação, de rede de esgotos e de água, de escolas, de coleta de lixo e de limpeza das ruas, de iluminação, de asfaltamento e ainda de creches. Os movimentos sustentados por estas associações apareciam em forma de petições, de reuniões, de comícios, de marchas e de assembleias, tornando bem claras as suas exigências feitas aos governos federal, estadual e municipal.

Os movimentos de cunho religioso, inspirados sobretudo pela Igreja Católica, estão ligados a diversas pastorais e diretrizes da Conferência Nacional dos Bispos do Brasil (CNBB). Estes movimentos de origem religiosa surgem principalmente através das Comunidades Eclesiais de Base (CEB), pequenos grupos relacionados com uma paróquia urbana ou rural. Ao mesmo tempo em que prestam serviços religiosos, as Comunidades Eclesiais de Base procuram discutir direitos humanos e participar da luta política, em busca da alteração das condições de vida dos trabalhadores e dos desempregados.

O movimento sindical, reprimido, controlado por representantes governamentais ou estritamente vigiado, conquistou novas energias desde 1977. A oposição sindical tem defendido alguns princípios destinados a valorizar quem trabalha, tais como: 1) desaparecimento da legislação repressiva; 2) participação de trabalhadores na direção sobretudo do Fundo de Garantia do Tempo de Serviço (FGTS) e do Banco Nacional de Habitação (BNH); 3) fim do controle salarial; 4) garantia do direito às negociações coletivas, do direito de greve; 5) e ainda a autonomia dos sindicatos, sem risco de intervenção do governo federal.

A oposição sindical continua patrocinando greves de grandes repercussões, como nos casos de São Bernardo do Campo, de Santo André, de São Caetano do Sul, de Diadema, de Santos, para levar-se em conta apenas algumas cidades do estado de São Paulo. Tais greves, neste estado e em outros, geraram demissões de seus líderes. E nos anos de 1981 e de 1982, muitas atividades grevistas também se destinavam a forçar as empresas a receberem de volta os empregados demitidos. A negociação direta entre empregadores e empregados acabou se tornando um sistema paralelo, que fugia das amarras da administração federal.

Não era para menos, pois a renda média mensal dos assalariados caiu assustadoramente. No espaço de quatro anos, entre 1979 e 1983, os trabalhadores da primeira faixa (até 3 salários mínimos) perderam 11,2% do seu salário real, enquanto os da segunda faixa (de 3 a 10 salários mínimos) receberam menos 35,6%. Neste mesmo período (1979 a 1983), os trabalhadores da terceira faixa (de 10 a 20 salários mínimos) ficaram sem

20% de seu salário real, e os da quarta faixa (de mais de 20 salários mínimos) foram prejudicados em 40%. O ataque aos salários dos trabalhadores veio rápido e profundo, fazendo-os cantar louvores por manterem o emprego quando o conseguiam. Basta recordar que entre 1979 e 1983 somente um terço dos assalariados estava regularmente registrado.

O Fundo Monetário Internacional — FMI

As condições de trabalho no Brasil agravaram-se, depois do início dos empréstimos fornecidos pelo Fundo Monetário Internacional (FMI). Já em fins de novembro de 1982, passados alguns dias das eleições, noticiava-se que o governo de Figueiredo pediria ajuda de seis bilhões de dólares a este Fundo. A ajuda do Fundo Monetário Internacional (FMI) provocou mudanças na economia brasileira, em especial na política salarial. A dívida externa do Brasil, em grande parte, tem sido calculada a base de juros móveis e contraída com instituições particulares. Assim, deliberações estrangeiras influem no volume da dívida, que foge ao controle direto da administração federal. Independentemente de outros fatores, o crescimento permanente da dívida externa tem decorrido de empréstimos no curto prazo, tomados fora do país, para pagamento do serviço da própria dívida e de seus juros.

Em princípio de 1983, estimava-se que em 28 anos, de 1956 a 1983 (do governo de Juscelino Kubitschek ao governo de João Baptista Figueiredo), a dívida externa do Brasil aumentou 3.400%, passando de 2,5 bilhões de dólares para 90 bilhões de dólares. Ao longo de 1980, a situação da dívida externa tornou-se dramática. A elevação da inflação, a alta dos preços e o aumento do desemprego deram-se as mãos, celebrando sólido e sinistro casamento. Em meados daquele ano, o governo de Figueiredo lançava aos ares gotículas de esperança. O ministro Ernane Galvêas manifestava suas impressões: "O governo está plenamente consciente de que terá que conviver com taxas de inflação 105% ou 110%. Depois elas começarão a cair". O ministro Delfim Netto, por seu lado, acompanhava-o, no mesmo sentido: "Quando vier esse 100% vou ter muita amolação, mas isso passa".

A inflação

Os brasileiros suportaram em 1984 o recorde inflacionário de sua história. De fato, em 1980 a inflação anual caminhou até 110,2% caindo para 95,2% em 1981. Depois, pelo ano de 1982 iniciou intensa subida, passando a 99,7%. Em 1983, a inflação anual ganhava espaço, chegando a quase 211,13%, para atingir em 1984 perto de 223,775%. O quadro geral, ao que parece, é o resultado de medidas econômicas inspiradas pelos credores estrangeiros e empacotadas pelos técnicos da economia brasileira.

Entre os experimentos desses técnicos, aliás, experimentos tão macabros à população do país, podem ser incluídos. A título de exemplo: o alinhamento dos preços internos e externos dos produtos exportáveis (como a soja, o milho, o arroz e outros); a elevação do valor do dólar e do preço dos produtos importados; e em consequência a alta dos juros, afetando, por fim, o preço das mercadorias consumidas pelas pessoas. Tem sido demonstrado por estudos confiáveis que o salário-mínimo sequer é suficiente para alimentar mais que uma pessoa. O custo mensal de produtos básicos para a alimentação representava em média, de setembro de 1979 a agosto de 1984, 66,7% do salário-mínimo. O alimento que mais se elevou nesse período foi a farinha de trigo (11.297,6%), seguida pelo pão (8.771,8%), vindo logo após o feijão (7.525,3%). Talvez aí se encontrem alguns dos mais desumanos experimentos dos técnicos responsáveis pela economia do país.

Mas as dificuldades para sobreviver no Brasil despontam igualmente na falta de emprego. Considerando-se apenas a região metropolitana de São Paulo, constata-se que havia, em meados de 1984, 15% de desempregados. Este número significava 1,5 milhão de pessoas desempregadas, em uma população economicamente ativa de sete milhões. Não é por acaso que os jornais, de tempos em tempos, noticiam invasões de depósitos de alimentos. Em 1982, um jornal divulgava que um grupo de quinze mulheres entrou em um posto de saúde, de um bairro da capital de São Paulo, carregando com elas dez caixas de leite em pó, além de aspirinas, xaropes e antibióticos. Em fins de 1984 na mesma cidade, foi atacado um depósito de merenda escolar, sendo levados vários produtos, como arroz, feijão, biscoitos, óleo comestível, sal e açúcar.

Quem é responsável

Embora esse processo de degeneração da condição de vida no Brasil seja evidente e prolongado, a administração de Figueiredo lançou interpretações às vezes diretas e surpreendentes. O ministro Camilo Pena, em janeiro de 1980, expunha sua opinião: o combate à inflação "não é somente da responsabilidade dos ministros, porém da sociedade como um todo". E continuava: a "relação comercial externa do Brasil e a moeda brasileira vivem momentos de extrema gravidade". Apesar disso, se as coisas estavam ruins, aqui, como apontava o referido ministro, as empresas estrangeiras não iam a tanto. Pareciam ver a realidade com alegria. Eis o caso de uma indústria automobilística que, mesmo sofrendo prejuízo de 48 bilhões de cruzeiros em 1983, declarava-se disposta a investir 478,87 milhões de dólares.

Afinal de contas, a indústria bélica do Brasil prospera, ainda que tal não aconteça com a maioria da população. Uma publicação, alegando um cálculo precário por causa do sigilo neste campo, anunciava que a indústria bélica do país teria negociado no exterior aproximadamente dois bilhões de dólares em 1983. Por outro lado, em dezembro de 1984 falava-se que o volume das exportações brasileiras alcançou 24,10% neste ano. Mas os produtos principais para a exportação continuam sendo os mesmos, ficando em primeiro lugar os alimentos (café, farelo de soja, suco de laranja), acompanhados de minérios e calçados de couro.

Os candidatos

Enquanto as contradições econômicas exigem mais suor e trabalho dos brasileiros, muitos depositam sua confiança na escolha do sucessor do presidente João Baptista Figueiredo pelo Colégio Eleitoral. Em 11 de agosto de 1984, a convenção do PDS escolhe Paulo Salim Maluf para candidato à presidência da República. No entanto, antes desta data, em julho do mesmo ano, dissidentes do PDS lançam a Frente Liberal, formando com o PMDB a chamada Aliança Democrática. Em 12 de agosto de 1984, Tancredo Neves surge como o candidato desta Aliança Democrática. Não é tarefa fácil, nem tranquila, apontar as ideias centrais de cada um dos candidatos. Suas proposições flutuam como ondas do mar. Nessa arriscada missão, é possível tragar o que foi dito pelos candidatos em certo momento, e só nele, porque depois tudo fica meio nebuloso.

O candidato Paulo Salim Maluf

O candidato do PDS, Paulo Salim Maluf, dizia em junho de 1984, referindo-se à Constituinte, que "ninguém sabe o que é isso", preferindo "organizar uma comissão com representantes dos partidos, das igrejas, dos sindicatos, da OAB, para preparar um anteprojeto de Constituição que será votado pelo Congresso". Em meio a seus planos, admite ser preciso "mais policiamento ostensivo e mais ação das Secretarias da Promoção Social", entendendo que "a solução definitiva será oferecer mais empregos à população", pois "quem tem emprego não vai ser marginal". Para o candidato do partido oficial, o empresário brasileiro "é o grande prejudicado pela política econômica do governo, achatado pelo peso das mais altas taxas de juros do mundo". Note-se, ainda, que Paulo Salim Maluf não se coloca como "um defensor do FMI, porque em geral sua política é pôr o pé no breque", enquanto a política do candidato governista "é por o pé no acelerador".

Tancredo Neves

Maluf e o candidato Tancredo Neves

O candidato do PDS, porém, não se limita a meras explicações de motorista, ao aludir a problemas da economia brasileira. Se não é "um defensor do FMI", também não pretende romper com ele, a fim de não "deixar de pegar seus recursos, que são mais baratos que os dos bancos comuns". O candidato das oposições, sustentado pela Aliança Democrática, defende a renegociação da dívida externa de forma realista, e ainda uma política agressiva de exportação. Tancredo Neves pensa que o crescimento econômico do país deve basear-se principalmente no capital nacional, mas sem temor quanto à participação do capital estrangeiro, que deverá ser um complemento da iniciativa privada do Brasil.

O candidato aliancista deseja apoiar firmemente a agricultura, porque ela deverá produzir alimentos e recursos para o pagamento da dívida externa. Garante também maior autonomia política e financeira aos estados e municípios. Notando a preferência pela sua candidatura, Tancredo Neves proclama que o "nosso povo tem tudo para se transformar, a partir de 1985, num grande povo". E avança: "Temos tudo para realizarmos um grande destino de nação", completando que "nosso povo possui os melhores atributos de inteligência, de coração e de bondade". Entre uma frase e outra, o candidato das oposições aliancistas desliza com cuidado, mirando invariavelmente o indefinido *centro*. Tal é o sentido de sua comissão do plano de governo, em cuja composição estão presentes exilados políticos, antigos ministros dos governos de Costa e Silva e de João Baptista Figueiredo, além de representantes empresariais e de banqueiros.

O ato final

Desde o final de agosto de 1984, vários levantamentos apontavam a vitória de Tancredo Neves no Colégio Eleitoral, a reunir-se em 15 de janeiro de 1985. Em dezembro do mesmo ano, o presidente João Baptista Figueiredo prenunciava a chegada de "novos tempos", propondo que "nossa sociedade atinja um real estágio de convivência e responsabilidade política, séria, comprometida com os ideais da democracia". Belas palavras à parte, o candidato da Aliança Democrática — Tancredo Neves — representa nova composição das forças dominantes na sociedade, com a vontade de gerenciar a dívida externa e a insuportável miséria social. A determinadas pessoas esparrama bênçãos de esperanças. A outras pessoas, surge na cena política como um mal menor. De qualquer maneira, apareceu no horizonte e tomou corpo a conciliação entre certos poderosos de ontem e muitos poderosos de amanhã, apenas vislumbrados pelo povo brasileiro. Em verdade, em verdade, dizia dom Pedro II, imperador do Brasil:

"Minha política — a justiça — não é a dos partidos", pois "obro conforme e só conforme o que julgo exigir o bem do país". Não era necessário o povo, bastava a cabeça do imperador.

José Sarney, de um dos maiores líderes da ditadura militar a oposicionista democrata

Conforme o rito eleitoral fixado pelo governo do general João Baptista Figueiredo, sua sucessão se processou do seguinte modo:

1. Em 15 de janeiro de 1985, eleição por voto indireto do presidente da República e do seu vice-presidente; em 15 de março de 1985, posse do novo presidente e do seu vice.

2. No dia 15 de janeiro de 1985, reuniu-se o Colégio Eleitoral antecipadamente formado, que elegeu por voto indireto a chapa dos candidatos Tancredo Neves a presidente e José Sarney a vice-presidente, fundando-se a "Nova República". A composição da chapa vitoriosa uniu o candidato do PMDB (Partido do Movimento Democrático Brasileiro, oponente do governo ditatorial), Tancredo Neves, com o candidato da Frente Liberal (dissidência do PDS, Partido Democrático Social, defensor do governo ditatorial), José Sarney.

Fonte: Agência Estado

José Sarney

3. No dia 15 de março de 1985, tomou posse o vice-presidente eleito no Colégio Eleitoral, José Sarney, por impedimento legal de Tancredo Neves, internado em estado grave a 14 de março de 1985, primeiramente em Brasília e depois em São Paulo, falecendo em 21 de abril de 1985.

4. *Portanto, em 21 de abril de 1985, dia de Tiradentes, com a morte de Tancredo Neves, o vice-presidente em exercício, José Sarney, transformou-se em presidente da República, governando até 15 de março de 1990, substituído por Fernando Collor de Mello, eleito por voto direito e popular. Ao longo da gestão de José Sarney, foram escolhidos, em 1987, por voto direito e popular os representantes à Assembleia Constituinte.*

Tal Constituinte funcionou concomitantemente com o Congresso Nacional, por orientação dos anteriores adeptos da ditadura militar e de neófitos recém-convertidos por eles, em uma conciliação reveladora de que nela sucedeu transação fundamental de interesses, metamorfoseando seus deputados e senadores, antes contrários uns aos outros, em realidade na qual exerciam seus mandatos de representantes da população brasileira como seres iguais.

A Constituição Federal do Brasil foi promulgada em outubro de 1988.

Nos anos de 1850, no Segundo Império do Brasil, se lembro bem, dizia o imperador Pedro II ao marquês de Paraná: então sr. Honório, onde estão nossos partidos? Referia-se à política de conciliação feita pelo marquês de Paraná, Honório Hermeto Carneiro Leão. Décadas depois, o Império e o imperador desapareceram por deliberação do Exército, o único partido de fato existente, sem ninguém para defendê-los, como diz o poeta: sem choro nem vela. Um pouco de paciência e se verá quem tem razão.

Palavras finais

Para o povo brasileiro, o que restou da ditadura inacabada

A ditadura constitui tirania, entendida como exercício do poder não limitado pela lei ou Constituição, ou como poder que não supõe aquiescência alguma por parte dos governados.

Não existe ditadura mais branda do que outra ditadura, apesar dos malabarismos ideológicos dos complacentes, que abusam do "pelo menos". Ditadura é tirania.

Procuram comparar uma ditadura com outra, principalmente aqueles que não foram atingidos pela ditadura, ou mesmo aqueles que se arrependem de atitude tomada na época, ou dela tiraram partido em muitas circunstâncias. "Pelo menos", industrializou-se o país, ou aconteceram reformas e crescimento da infraestrutura, com inflação incontrolável. "Pelo menos", não mataram tanto como em outros países. "Pelo menos", foram poucas censuras, prisões, tapas, socos, afogamentos, choques elétricos, mortes, falsos atestados de óbito, esquartejamentos, desaparecimentos de corpos.

Na revista ÉPOCA, de 10 de novembro de 2003, página 70, consta telefonema do presidente eleito, general Ernesto Geisel, ao candidato a ministro do Exército, general Vicente de Paulo Dale Coutinho, no qual afirma:

> "...Ó Coutinho, esse troço de matar é uma barbaridade, mas eu acho que tem que ser (...) Nós vamos ter que continuar no ano que vem. Nós não podemos largar essa guerra. Infelizmente, nós vamos ter que continuar".

Muitos dos assassinos e demais criminosos permaneceram entre nós, nesta "Nova República", que representa a ditadura inacabada, em nome da Anistia de 1979. Em razão dela, muitos conservaram ou viraram nomes de logradouros públicos (avenidas, ruas, estradas, viadutos, praças etc.), condecorados e aposentados.

A república transformou o súdito (sujeito à vontade do monarca) em cidadão (possui direitos e deveres). A república pressupôs a defesa da coisa pública, expressão da vontade e dos interesses de todos.

As sucessões presidenciais, de 1964 a 1985, mais pareceram substituições no trono de monarquias ou dos impérios absolutistas. Vindas de cima, por meio de acordos, o povo brasileiro foi apenas chamado para assistir à cerimônia de posse. É verdade que, antes da ditadura de 1964, a população participava da escolha, de forma controlada e às vezes enganosa. Mas os governantes posteriores a 1964 simplificaram o convite: jogaram com colégios eleitorais para sair em receita pronta o novo presidente da República e seu séquito. Antes de 1964, a política do controle; depois de 1964, o controle da política.

Atente-se para o fato de que o republicanismo, aliás como no período imperial, permitiu a liberdade no Brasil, embora somente para cada pessoa cumprir as ordens do governo, ou das mais novas constituições promulgadas ou outorgadas, em muitas ocasiões em virtude de leis ilegítimas, ou mesmo sem elas. O percurso da ditadura de 1964 definiu-se por Atos Institucionais, por Atos Complementares, por Leis de Segurança Nacional e por "Decretos-Leis Secretos". Sugeriu-se que o processo histórico já estava traçado, como se a sociedade brasileira fosse caótica, perdida nas fantasias da imaturidade e carente da tão discutível atuação do Estado.

Examinando os acontecimentos da Proclamação da República, em 1889, Sílvio Romero e Artur Guimarães anotaram: "Era muito rápido para ser sério..."

Nos dias que correm os brasileiros encontram-se sob o signo da conciliação entre os adeptos da ditadura e os opositores dela, mas os vestígios da tirania apresentam-se a cada momento. A burocracia do Estado continua igual, muitos dos funcionários continuam com igual personalidade burocrática, a dominação e a hegemonia continuam com poucos sustos.

Os ares da ditadura, ou melhor, das ditaduras, aí estão, com a corrupção vencendo a lei; o embrutecimento dos habitantes do país dando as mãos à violência generalizada. A vida política e a vida civil, centradas nos direitos, necessitam prevalecer acima de tudo no Brasil.

Cronologia

1961 (25-08): Renúncia de Jânio Quadros à presidência da República.

(07-09): Posse do Vice-Presidente João Goulart na presidência da República.

1963 (06-01): Plebiscito transforma o parlamentarismo em presidencialismo, como sistema de governo.

1964 (31-03): Golpe de Estado afasta o presidente constitucional do Brasil, João Goulart, que deixa o poder, indo para o exílio.

(11-04): O marechal Castelo Branco toma posse na presidência da República.

1967 (15-03): O marechal Castelo Branco entrega a presidência da República ao marechal Costa e Silva.

1968 (13-12): O presidente Costa e Silva assina o Ato Institucional n. 5.

1969 (17-10): A Junta Militar (Aurélio de Lyra Tavares, Márcio de Souza e Mello, Augusto Hamann Rademaker Grünewald) baixa a Emenda Constitucional n. 1, tida como Constituição até a promulgação da Carta de 1988.

(30-10): A Junta Militar entrega a presidência da República ao general Emilio Garrastazu Médici.

1971 (11-11): O presidente Médici assina o Decreto-lei n. 69.534, conhecido como "decreto-lei secreto".

1974 (15-03): O general Médici transfere a presidência da República ao general Ernesto Geisel.

1977 (13 e 14-04): O presidente Geisel assina a Emenda Constitucional n. 7 (reforma judiciária) e a Emenda Constitucional n. 8 (contendo o "pacote de abril").

1979 (15-03): O general Geisel passa a presidência da República ao general João Baptista Figueiredo, cujo período de governo vai até 15 de março de 1985.

1979 (28-08): Lei n. 6.683, do presidente general João Baptista Figueiredo, concede ANISTIA a todos quantos cometeram crimes políticos ou conexo com estes, no período compreendido entre 02 de setembro de 1961 e 15 de agosto de 1979.

1984 (25-04): A Emenda Constitucional das "Diretas Já", relativa à eleição direta já para presidente e vice-presidente da República, é rejeitada pela Câmara dos Deputados.

1985 (15-01): Eleição pelo Colégio Eleitoral, indiretamente, para presidente, de Tancredo Neves, e para vice-presidente, de José Sarney.

1985 (15-03): Posse do vice-presidente José Sarney, por impedimento de Tancredo Neves, internado em estado grave no dia 14-03, falecendo em 21-04-1985. Nesta data, o vice-presidente José Sarney deixa de ser vice e se torna presidente da República, governando até 15-03-1990, substituído pelo presidente Fernando Collor de Mello, em eleição de forma direta, por voto popular.

Sugestões de leitura

Este livro não deseja representar a síntese da História do Brasil, de 1964 a 1985. Antes de tudo, tenta fazer de maneira simples uma exposição sobre o tema: a ditadura militar, durante o período indicado. Busca, sobretudo, analisar tal assunto, marcando alguns pontos, pensando o processo sócio-histórico e levantando várias de suas características.

Uma bibliografia ampla, relativa à vida republicana no Brasil de 1964 a 1985, conteria em si muito mais do que vai aqui apresentado. Avançar fundo no conhecimento desta época depende da vontade de cada leitor. Para colocar os pés no caminho, capaz de levar a tal conhecimento, são indicadas leituras de diversas obras, marcos de indiscutível valor. A variedade delas é enorme, e o leitor acabaria deparando-se com múltiplas alternativas.

Este livro constitui, de certa forma, a retomada e a continuação de pesquisa referente ao contraditório desenvolvimento histórico do Brasil. Assim, vincula-se, embora tenuemente, com a obra de minha autoria, *Autoritarismo e corporativismo no Brasil* (São Paulo: Ed. da Unesp, 2010, 3. ed.). Sem dúvida, a fonte principal do presente livro está em outra obra, da qual também sou autor: *Estado e miséria social no Brasil*: 1951 a 1978: de Getúlio a Geisel (São Paulo: Cortez, 1983), havendo entre ambos determinado grau de complementaridade na matéria, na bibliografia e na dimensão analítica.

O leitor poderia percorrer escritos contendo apreciável documentação e análise de interesse histórico. São eles: Hugo Abreu, *O outro lado do poder* (Rio de Janeiro: Nova Fronteira, 1979); Marcos Sá Correa, *1964*: visto e comentado pela Casa Branca (Petrópolis: Vozes, 1981); Levy Cury, *Um homem chamado Geisel* (Brasília: Horizonte, 1978); René A. Dreifuss, *1964*: a conquista do Estado (Petrópolis: Vozes, 1981); J. A. Pinheiro Machado, *Opinião x Censura* (Porto Alegre: L&PM, 1978); Luís Viana Filho, *O governo Castelo Branco* (Rio de Janeiro: J. Olympio, 1975, 2. ed.); Carlos Lacerda, *Depoimento* (Rio de Janeiro: Nova Fronteira, 1978); Abelardo Jurema, *Sexta-feira, 13* (Rio de Janeiro: O Cruzeiro, 1964); Nélson W. Sodré, *História militar do Brasil* (Rio de Janeiro: Civilização Brasileira, 1968); Nélson W. Sodré, *Vida e morte da ditadura* (Petrópolis: Vozes, 1984); Carlos Estevam Martins, *Capitalismo de Estado e modelo político no Brasil* (Rio de Janeiro: Graal, 1977); Fernando Morais, *As aventuras do marechal que fez uma revolução nos céus do Brasil* (São Paulo: Planeta, 2006); T. Szmrecsănyi e F. S. Coelho

(Orgs.), *Ensaios de história do pensamento econômico no Brasil contemporâneo* (São Paulo: Atlas, 2007).

As colocações de determinados estudiosos do Brasil soam como respeitável exame crítico. Principiando pela apaixonada análise de Moniz Bandeira, *O governo João Goulart*: 1961-1964 (Rio de Janeiro: Civilização Brasileira, 1977), pode-se visitar, por exemplo, o texto de Eliézer R. de Oliveira, *As Forças Armadas*: política e ideologia no Brasil, 1964-1969 (Petrópolis: Vozes, 1976).

Existem obras fundamentais para conhecer e avaliar a direção e a participação dos Estados Unidos da América no golpe de Estado de 1964, tais como: Floriano de Lima Brayner, *A verdade sobre a FEB*: memórias de um chefe de Estado-Maior na campanha da Itália (1943-1945) (Rio de Janeiro: Civilização Brasileira, 1968); J. B. Mascarenhas de Moraes, *A FEB pelo seu comandante* (São Paulo: Progresso, 1947); Vernon Walters, *Missões silenciosas* (Rio de Janeiro: Biblioteca do Exército, 1986); Martha D. Huggins, *Polícia e política*: relações Estados Unidos/América Latina (São Paulo: Cortez, 1998); Carlos Fico, *O grande irmão. Da operação brother Sam aos anos de chumbo*: o governo dos Estados Unidos e a ditadura militar brasileira (Rio de Janeiro: Civilização Brasileira, 2008).

Outros autores irrompem com marcantes orientações. No mínimo, são inspiradoras as ponderações de Elmano Cardim, em *Justiniano José da Rocha* (São Paulo:

Nacional, s.d., Coleção Brasiliana, edição ilustrada); de Ernest Hambloch, em *Sua Majestade o presidente do Brasil* (Brasília: Ed. da Universidade de Brasília, 1981), apesar de não tocar no tempo enfocado neste livro. Vale a pena ler a obra de Maria Helena Moreira Alves, *Estado e oposição no Brasil*: 1964-1984 (Petrópolis: Vozes, 1984), correndo suas páginas com atenção.

Em termos de documentação e interpretação, é preciso ter à vista a obra coletiva, *Memórias do exílio*: Brasil — 1964-19??, n. 1 (São Paulo: Livramento, 1978), bem como outras: Brasil. *O comunismo no Brasil (Inquérito Policial Militar n. 709)* (Rio de Janeiro: Biblioteca do Exército Editora, 1967, v. 4 (V — A ação violenta); Alfredo Sirkis, *Os carbonários* (São Paulo: Global, 1980); Jacob Gorender, *Combate nas trevas* (São Paulo: Ática, 1998, 5. ed.); Percival de Souza, *Eu, cabo Anselmo*: depoimento a Percival de Souza (São Paulo: Globo, 1999); Percival de Souza, *Autópsia do medo*: vida e morte do delegado Sérgio Paranhos Fleury (São Paulo: Globo, 2000); Frei Betto, *Batismo de sangue*: guerrilha e morte de Carlos Marighella (Rio de Janeiro: Rocco, 2006, 14. ed.); Brasil. Secretaria Especial dos Direitos Humanos. *Direito à verdade e à memória. Comissão Especial sobre Mortos e Desaparecidos Políticos* (Brasília, 2007); Nilmário Miranda e Carlos Tibúrcio, *Dos filhos deste solo* (São Paulo: Boitempo/Editora Fundação Perseu Abramo, 2008, 2. ed.); Mário Magalhães, *Marighella* (São Paulo: Companhia das Letras 2012); Cláudio Guerra (em depoimento a Marcelo Netto e Rogério Medeiros), *Memórias de uma guerra suja* (Rio de Janeiro: Topbooks, 2012).

Mesmo se considerando a atuação da censura, os periódicos figuram como inestimável manancial de informações sobre o país. Limitando-se a alguns deles, aí estão as coleções dos jornais *A Gazeta, Correio da Manhã, Folha de S.Paulo, Jornal da Tarde* (de *O Estado de S. Paulo*), *Jornal do Brasil, Movimento, O Estado de S. Paulo, O Globo, Opinião* e *Última Hora*. Aí estão também as coleções de revistas *Época, Exame, IstoÉ, Senhor* e *Veja*.

Sobre o Autor

EVALDO VIEIRA estudou direito, ciências sociais e letras; é doutor em ciência política pela USP e professor titular da FEUSP. Foi professor titular na UNICAMP e na PUC-SP; é tradutor, colaborador em jornais, em revistas e em obras coletivas, e autor dos livros: *Oliveira Vianna & o Estado corporativo* (São Paulo: Grijalbo); *Autoritarismo e corporativismo no Brasil* (São Paulo: Edunesp); *Estado e miséria social no Brasil: de Getúlio a Geisel* (São Paulo: Cortez); *O que é desobediência civil* (São Paulo: Brasiliense); *A República brasileira: 1964-1984* (São Paulo: Moderna); *Democracia e política social* (São Paulo: Cortez/Autores Associados); *Sociologia da educação* (São Paulo: FTD); *Poder político e resistência cultural* (Campinas: Autores Associados); *Os Direitos e a política social* (São Paulo: Cortez). Também foi organizador da *Coleção Maurício Tragtenberg* (São Paulo: Edunesp), em 10 volumes.